AF346839

OEUVRES

DE MONSIEUR

DE BOISSY,

CONTENANT

Son Théâtre François & Italien.

NOUVELLE ÉDITION,

Revuë, corrigée, & augmentée de plusieurs
Piéces nouvelles.

TOME PREMIER.

À AMSTERDAM et à BERLIN,
Chez JEAN NEAULME, Libraire.

____

M. DCC. LVIII.

TABLE

Des Piéces contenuës dans le Tome premier.

THEATRE FRANÇOIS.

A MONSEIGNEUR

LE COMTE

DE

SAINT FLORENTIN,

MARQUIS DE LA VRILLIERE,
& de Château - neuf fur Loire , Baron
d'Ervy, d'Yevres-le-Châtel , & autres lieux ;
Commandeur des Ordres du Roi , Miniſtre
& Secrétaire d'Etat, & des Commande-
mens & Finances de Sa Majeſté.

'O S E te dédier mes Œuvres dra-
    matiques ;
Et ta bonté me l'a permis.
Tu crains les lieux communs des froids
    panégyriques :
J'ai la même frayeur , raſſures tes eſprits ;
Tome I.   *

Un encens trivial est toujours méprisable :

    L'Art d'un Auteur consiste à l'éviter.

Et le plus court éloge est le plus agréable

Aux Grands qui, comme toi, sçavent le mériter.

Dans le rang éclatant, où l'on te voit paroître,

    Tu fais voir ce qu'on n'a point vû,

    Un Ministre digne de l'être,

Et par droit de naissance, & par droit de vertu;

Aimé de ses égaux, estimé de son maître

    A qui l'orgueil est inconnu ;

Ayant, comme la Cour, la Ville pour amie,

Et comblé de faveurs, sans exciter l'envie.

Je me borne à ces traits, tu dois les avouer ;

    La vérité les justifie :

Et ton nom, cher à tous, suffit pour te louer.

L'AUTEUR

AU

LIBRAIRE.

ON, Monſieur, vous avez beau dire, je ne ferai point de Préface : c'eſt deja trop du danger où vous allez me livrer en oſant afficher mes Œuvres de Théâtre. Tout ce que je puis faire en votre faveur, c'eſt de vous permettre d'imprimer les juſtes raiſons de mon ſilence, à la place de la Préface que vous me demandez, & que vous avez trop legérement annoncée.

De tous les Auteurs, ceux qui travaille pour le Théâtre, ſont les plus diſpenſés de faire des Diſcours préli-

minaires. Qu'ont-ils à dire au Public
fur des Piéces qu'il a déja jugées lui-
même, & dont il a fait la deſtinée ?
Leur convient-il d'inſtruire leur maître, ou prétendent-ils lui impoſer ?
Non ; il eſt aujourd'hui trop éclairé,
Pour ſe laiſſer ſurprendre. Ils doivent
Prendre plûtôt ſon ſentiment pour régle. Son goût, quoiqu'il varie ſouvent
Pour la forme, ne s'écarte jamais du
vrai pour le fonds. Il eſt toujours in-
faillible dans les jugemens qu'il porte
avec réfléxion ; & c'eſt dans ſon ſein
qu'on doit puiſer la véritable Poëti-
que : premiére & forte raiſon qui
m'oblige de me taire.

Joignés à ce motif la difficulté de
parler convenablement de ſoi & de
ſes Ecrits : redoutable écueils où plus
d'un Ecrivain diſtingué a fait naufrage, & ſolide réfléxion qui me retient
la main.

Mais vous avez, me direz-vous,
mis ſur la Scène un nouveau genre de
Piéce, qu'on peut apeller *Allégori-
épiſodique*, & à qui nombre de beaux

Efprits refufent le titre de Comédie.
Il eft de votre gloire de leur répondre
& de leur prouver..... Moi, je n'ai
rien à répondre à ces Meſſieurs : tout
ce que je pourrois leur dire, ne les
perſuaderoit pas ; & tout ce qu'ils peuvent penſer, n'influe en rien ſur la dé-
ciſion du Public. Ils forment un tri-
bunal iſolé, où préſide l'eſprit de ſin-
gularité, que régle la jalouſie partiale,
& avec qui celui du vrai goût n'a rien
à démêler : quelques efforts qu'ils faſ-
ſent pour rabaiſſer ce genre, il n'en
eft ni moins goûté, ni moins ſuivi,
quand on a l'art de le bien traiter. Une
allégorie ingénieuſement imaginée,
& heureuſement ſoutenue par un rem-
pliſſage brillant qui peint les mœurs
du jour, & qui ſaiſit des ridicules nouveaux, mérite, je crois, le nom de
Piéce, autant que la plûpart des Comédies d'un Acte, dont le fond d'une
intrigue triviale forme le nœud groſ-
ſier, ou qui roulent ſur le pivot d'un
caractére uſé, ou à peine ébauché,
s'il n'eft pas rebattu, & dont un ma-

riage prévû dès la premiére Scéne, fait toujours le dénoûment uniforme. Contentez-vous, s'il vous plaît, de ce peu de mots, pour apologie du genre allégorique; peut-être même font-ils de trop.

J'entens ici que vous me repliquez que ce difcours ne fuffit pas, & que je dois me juftifier fur un point plus ef-fentiel, qui eft la critique que j'ai mê-lée à l'Epifode. Oh! Je paffe con-damnation fur cet article; &, pour preuve autentique, je l'ai abjurée, & fi parfaitement, que je ferois fâché de lancer aujourd'hui la plus legére Epigramme contre le dernier Ecrit du plus cruel de mes ennemis; fût-ce même par repréfailles. Trop plein d'Horace & de Defpréaux, j'ai cru long-tems qu'on pouvoit cenfurer les Ouvrages, fans s'écarter des bornes de l'exacte probité; mais le tems & la raifon m'ont détrompé. La criti-que, fur-tout celle que l'on exerce fur le Théatre, eft trop folemnelle, & porte des coups trop marqués.

pour être exempte de blâme : elle ne
sçauroit attaquer une Piéce, que ses
traits ne retombent à plomb sur l'Auteur, & ne livrent son nom à la risée
publique : plus ses traits sont saillans,
delicats & justes, plus le ridicule dont
ils le couvrent, est éclatant & dura-
ble, & plus la main qui les décoche
est condamnable aux yeux des honnêtes gens. S'attirer de sang froid
un ennemi pour le foible honneur du
bon mot, c'est manquer également
aux loix de la prudence & à celles de
l'humanité. Il n'est qu'une critique
permise ; c'est celle qui s'exprime
avec ménagement sur le papier pour
perfectionner l'art, & non pour avilir l'écrivain ; qui, exempte de par-
tialité, pése, dans une balance égale, les défauts & les beautés d'un
Poëme ou d'un Livre, & ne reléve
les uns, que pour mieux rendre justice aux autres : critique dictée par
la sagesse, & qui loue plus qu'un éloge parfait, mais dont la charge est
trop difficile à remplir. Depuis long-

tems on souhaite & on attend un modèle : incapables de l'être, reposons-
nous sur le Public du soin d'aprécier
le mérite de chaque Ouvrage , &
n'employons jamais à nous rendre
odieux, un talent que nous n'avons
reçû que pour nous rendre aimables.

L'AMANT

DE SA FEMME,

OU LA

RIVALE D'ELLE-MESME,

COMÉDIE.

Tome I.

ACTEURS.

PHILINTE.

DORANTE.

LEANDRE, amant d'Angélique.

ALIDOR, vieux Financier.

DORIMENE, femme de Philinte.

ANGELIQUE, sœur de Philinte.

LISETTE, suivante.

LA FLEUR, valet de Philinte.

UN MAISTRE DE MUSIQUE.

UN NOTAIRE.

La Scène est à Paris, chez Philinte.

L'AMANT
DE SA FEMME,
OU LA
RIVALE D'ELLE-MESME,
COMÉDIE.

SCENE PREMIERE.

PHILINTE, LA FLEUR.

PHILINTE.

A Fleur !

LA FLEUR.
Monsieur.

PHILINTE.
Voilà qui est fait. Je suis revenu de la bagatelle, & je suis las de mener une vie coquette & libertine. Je prétens me ranger.

LA FLEUR.
Qui vous inspire un si bon dessein !

A 2

P H I L I N T E.

l'Amour.

L A F L E U R.

Voilà un amour bien sage.

P H I L I N T E.

Oui, l'amour me rend raisonnable; & un seul objet me fixe pour toujours.

L A F L E U R.

Je vous entens, Monsieur; votre cœur se réchauffe pour Madame votre épouse.

P H I L I N T E.

Le sot ! J'estime ma femme comme je le dois; mais je garde mon amour pour une autre.

L A F L E U R.

Je vous demande pardon ; j'avois oublié qu'un homme de qualité ne doit pas aimer sa femme.

(*bas.*)

Le voilà furieusement revenu de la bagatelle.

P H I L I N T E.

Je ne suis plus occupé que de la charmante Vénitienne que je vis hier au bal · tout le reste m'est indifférent. Avoue qu'elle en faisoit le plus grand ornement, & qu'elle effaçoit toutes les autres.

L A F L E U R.

Il est vrai, Monsieur. Mais que dites-vous de la Chauve-souris qui la suivoit ?

P H I L I N T E.

A quel propos ta Chauve-souris ; Serois-tu aussi devenu amoureux ?

L A F L E U R.

Puisqu'il faut vous en faire l'aveu, je vous dirai, Monsieur, que je n'ai pas moins de goût pour la suivante, que vous en avez pour la maîtresse.

P H I L I N T E.

Ce maraud affecte toujours d'être mon singe. Que dis-je ? Il enchérit. Si je bois, il s'enyvre; si je coquette, il devient le papillon du quartier; & si j'aime, il soupire plus haut que moi.

LA FLEUR.

Les grands hommes se rencontrent.

PHILINTE.

Qu'elle étoit belle dans son déguisement !

LA FLEUR.

Qu'elle étoit apétissante sous le masque !

PHILINTE.

Quand je me retrace son aimable idée, je me sens pénétrer d'une douce langueur, ou transporter d'une tendre joye.

LA FLEUR.

Quand je songe que ma Chauve-souris me faisoit les doux yeux, je sens en moi-même je ne sçai quoi dont je suis tout ragaillardi.

PHILINTE.

Mais lorsque je fais réflexion que je n'ai pû la connoître, & que je ne sçai plus où la retrouver, la tristesse s'empare de mon ame, je suis au desespoir.

LA FLEUR.

Mais lorsqu'il me revient dans l'esprit qu'elle n'a jamais voulu me dire son nom, ni me montrer son minois fripon, & que je ne puis sçavoir ce qu'elle est devenue, je tombe dans l'abattement, toute ma joye s'évanouit.

PHILINTE.

Je dois, ce soir, courir le bal pour elle ; peut-être que l'amour sensible à ma peine, y conduira ses pas, & l'obligera à se découvrir.

LA FLEUR.

Que fait-on si je n'aurai pas le même bonheur ?

PHILINTE.

Va voir si mon habit de bal sera fait pour ce soir ; & reviens me le dire au plûtôt.

LA FLEUR, *en s'en allant.*

Je m'en donne aussi un des plus galans ; & je prétens me mettre en Cupidon.

SCENE II.

PHILINTE, DORANTE.

DORANTE.

BOn jour, mon cher. Qu'avez-vous ? Vous me paroiſſez rêveur. Etiez-vous hier au bal ?

PHILINTE.

Oui, j'y étois.

DORANTE.

Comment avez-vous trouvé la Vénitienne qui danſoit avec tant de grace ?

PHILINTE *en ſoupirant.*

Adorable.

DORANTE.

Vous ſoupirez, & vous rougiſſez. L'aimeriez-vous ?

PHILINTE.

Il eſt inutile de feindre ; vous êtes connoiſſeur ; je l'adore : &, ce qu'il y a d'affligeant pour moi j'ignore qui elle eſt, & je n'eſpére plus de la revoir.

DORANTE.

Je vous ſurprendrois bien agréablement, ſi je vous diſois qu'elle eſt de ma connoiſſance.

PHILINTE.

De votre connoiſſance.

DORANTE.

Oui, de ma connoiſſance.

PHILINTE.

Ma joye & ma ſurpriſe ſont ſi grande que je ne ſçaurois parler.

DORANTE.

Je connois même les ſentimens où elle eſt pour vous ; & je puis vous aſſurer que vous n'en êtes point haï.

PHILINTE.

Ah ! mon cher Dorante, aprenés-moi au plûtôt son
nom & sa demeure, je vous dévrai la vie.

DORANTE.

Je ne sçaurois, elle m'a défendu de parler.

PHILINTE.

Et pourquoi me dire que vous la connoissez, &
m'assurer que je n'en suis point haï ? Etes-vous de concert avec la cruelle, pour me desespérer ?

DORANTE.

Il est inutile de s'emporter. Tout ce que je puis
faire pour le present, c'est de m'engager à rendre à la
personne même une lettre de votre part, si vous voulez lui écrire, & à vous en aporter une réponse dont
vous serez content.

PHILINTE.

Que je vous embrasse, mon cher ami. A la pareille.

DORANTE.

Mais si votre femme vous soupçonnoit, & qu'elle
allât vous surprendre ? Prenés-y garde.

PHILINTE.

Je ne crains rien de ce côté-là ; il y a plus d'un mois
que je la trompe, sans qu'elle s'en aperçoive.

DORANTE.

Croyés-moi, les femmes sont dissimulées, & ca-
chent souvent leur défiance sous un air d'ingénuité.

PHILINTE.

Ma foi, mon cher, voulez-vous que je vous parle
franchement, elle en croira tout ce qui lui plaira ; six
mois de mariage ont épuisé tout le goût que j'avois
pour elle. Je me suis contraint jusqu'ici, & j'ai vécu
plûtôt en amant qu'en mari ; mais je ne sçaurois finir
l'année : aussi - bien ce n'est plus la mode d'aimer sa
femme ; & je serois berné des honnêtes gens, s'ils sça-
voient la maniére bourgeoise dont je vis avec la mienne.

DORANTE.

On voit bien que vous fréquentez le Chevalier, &
qu'il vous inspire les sentimens du beau monde.

PHILINTE.

Il eſt vrai que je lui ai cette obligation, & qu'il m'a fait rougir de l'attachement gaulois que j'avois pour Doriméne.

DORANTE.

Vous prenez le bon parti; on doit être eſclave de la mode, quelque déraiſonnable qu'elle ſoit. Aimer ſa femme, quoique belle, c'eſt du dernier bourgeois. Mais ne craignez-vous pas de pouſſer à bout ſa vertu? Elle pourroit bien vous imiter par vengeance.

PHILINTE.

Je tiens encore cette maxime du Chevalier, que l'homme du mohde, comme le ſage, ſe met au-deſſus des accidens qui ne dépendent pas de lui.

DORANTE.

Fort bien; cependant je ne vous conſeille pas de vous dire ſon ami, ſi vous voulez l'être de la Dame en queſtion. Comme il fait profeſſion de médire du beau ſexe, ce ſeroit lui faire mal votre cour: & le plus ſûr moyen de vous mettre bien avec elle, c'eſt de vous brouiller avec lui.

PHILINTE.

Vous faites bien de m'avertir; nous avions fait la partie de courir cette nuit le bal enſemble. Je vais écrire à cette aimable inconnue, puis j'irai dégager la parole que j'ai donnée au Chevalier. Venés prendre ma lettre.

DORANTE.

Je vous ſuis. J'aperçois Liſette; diſons-lui un mot en paſſant.

SCENE III.

DORANTE, LISETTE.

DORANTE.

Lisette, notre affaire va le mieux du monde ; Philinte a donné dans le panneau, & , sans le sçavoir, il est plus épris de sa femme, qu'il ne l'a jamais été. A l'heure même où je te parle, il lui écrit une lettre que je me suis chargé de lui rendre. Je n'ai pas le tems de t'en dire davantage. Adieu. Je te recommande toûjours mes intérês auprès de Doriméne.

LISETTE.

Comptés sur moi. J'y ferai mon possible.

(seule.)

A présent, je voudrois sçavoir de la Fleur s'il est dans l'erreur comme son maître , & s'il m'a reconnue sous l'habit de Chauve-souris. Le voici ; il s'entretient tout seul. Ecoutons un peu les sottises qu'il se dit à lui-même.

SCENE IV.

LISETTE, LA FLEUR.

LA FLEUR *sans apercevoir Lisette.*

Monsieur Philinte & moi, nous allons avoir nos habits de bal dans une heure au p'ûtard ; ils feront du bruit l'un & l'autre. Ah ! Chauve - souris de mon ame , si je puis vous racrocher aujourd'hui , vous ne résisterez point aux charmes de mon habillement. Par modestie , je ne dis rien de ceux de ma personne.

LISETTE *sans se montrer.*

Il en tient ; je n'en puis plus douter.

LA FLEUR.

Autrefois Lisette m'étoit chére, mais ce n'est rien auprès de ce que je sens pour ma Chauve-souris. Le feu, l'ardeur, la flamme qui me brûle..... tout cela fait que j'extravague, & que je ne sçai ce que je dis.

LISETTE.

Le voilà qui jouë d'après son maître, & qui perd la tramontane. Comme il a bonne opinion de lui, feignons d'être sensible à l'infidélité qu'il croit me faire, pour me donner la comédie entiére.

(à la Fleur.)

Tu en aimes donc une autre, perfide que tu es ? Tu ne sçaurois le nier ; j'ai tout entendu, & je sçai la trahison que tu m'as faite au bal. Autrefois Lisette t'étoit chére, mais ce n'est rien auprès de ce que tu sens pour ta Chauve-souris. Répons, traître, répons.

LA FLEUR.

Que diable veux-tu que je te réponde ? Je ne te croyois pas si près ; mais il me paroît que tu t'avises un peu tard d'être jalouse. Il y a long-tems que tu me vois coquetter d'un œil assez indifférent.

LISETTE.

Tandis qu'il n'y a eu que de la galanterie dans ton procédé, je me suis tuë, persuadée que j'avois seule ton cœur ; mais à present que tu en aimes sérieusement une autre, & que je l'aprens de toi-même, la rage & la douleur m'emportent, je ne suis plus la maîtresse de mes sentimens.

LA FLEUR *à part.*

La pauvre fille est si passionnée pour moi, que j'en ai pitié : tâchons de la consoler par quelque mot de douceur. *(haut.)* Ne t'afflige point, ma chére Lisette, j'ai encore, par-ci par-là, des idées de tendresse pour toi ; & je voudrois, de tout mon cœur, t'aimer autant que tu le mérites.

LISETTE.

Ah! C'eſt trop me contraindre ; il eſt tems que j'éclate. . . . oui, que j'éclate de rire. Ah ! ah ! ah !

LA FLEUR.

Je crois que tu te moques de moi.

LISETTE.

Tu n'en dois pas douter. Ah! ah! Le grand ſot de me croire amoureuſe d'une figure comme la ſienne.

LA FLEUR

Qui ne s'y ſeroit trompé comme moi ? Ah! Que vous jouez bien, Meſdames les friponnes ; & que nous ſommes de mauvais Comédiens auprès de vous!

LISETTE.

Pour te prouver que je ne ſuis plus ta maîtreſſe, je veux bien être ta confidente, & te ſervir dans tes nou-velles amours. Crois-moi, ne refuſe pas l'offre que je te fais, je le puis mieux que tout autre.

LA FLEUR.

Fort bien. Continue ton badinage.

LISETTE.

Non, je ne badine plus. Si tu ſouhaites, je prévien-drai la Chauve-ſouris en ta faveur.

LA FLEUR.

La connois-tu ?

LISETTE.

C'eſt la meilleure de mes amies, & je puis compter ſur elle comme ſur moi-même.

LA FLEUR.

S'il étoit vrai, je te prierois, ma chére Liſette, de me dire ſon nom, ou de me procurer le plaiſir de l'en-tretenir un moment ce ſoir.

LISETTE.

Je t'accorde ce dernier point ; & je te promets qu'a-vant que le jour finiſſe, tu la reverras. Peut-être ſe découvrira-t-elle, pourvû que tu me faſſes un aveu ſincére de ce que je veux ſçavoir de toi.

LA FLEUR.

Parle, & ſois ſûre de ma ſincérité.

LISETTE.

Crois-tu que Monſieur Philinte aime toujours ſa femme ?

LA FLEUR.

Puiſque tu m'as prié d'être ſincére, je t'avouerai ingénuement que Monſieur Philinte aime ſa femme d'un amour ſi pur & ſi reſpectueux, qu'il eſt réſolu de faire lit à part au premier jour.

LISETTE.

Et la raiſon ?

LA FLEUR.

La raiſon, qu'on lui a repreſenté qu'il ne convenoît pas à un homme comme lui de vivre de la ſorte, & qu'il ſeroit deshonoré à la Cour, ſi l'on aprenoit qu'il couche toutes les nuits avec ſa femme.

LISETTE.

A la vérité, cela eſt ſcandaleux. Mais quel eſt l'honnête homme qui le conſeille ſi bien ?

LA FLEUR.

Ne vois-tu pas ici tous les jours un certain Chevalier qui ne ſalue perſonne, qui bruſque dédaigneuſement tout le monde, & qui ne dit jamais du bien que de lui-même ?

LISETTE.

Qui ? Ce petit-maître outré, qui fait vanité d'étaler des ſentimens libertins & des opinions dangereuſes, qui paſſe pour le fléau de notre ſexe, qui décrie ſurtout l'amitié conjugale, & qui tourne en ridicule les maris qui ſont attachés à leurs femmes, & les femmes qui ſont fidèles à leurs maris ?

LA FLEUR.

C'eſt lui-même.

LISETTE.

Je lui prépare une piéce digne de Liſette, il ne s'en rira point. Mais revenons à ton maître ; ſon cœur eſt-il vacant, ou n'eſt-il indifféremment occupé que du premier objet qu'il rencontre ?

LA FLEUR.

Je te dirai à l'oreille, qu'il a perdu, comme moi, sa liberté au bal, & qu'il eſt éperdument amoureux de la Maîtreſſe de ma Chauve-ſouris ; il brûle auſſi pour elle ſans la connoître, & ne l'a jamais vûe qu'en habit de Vénitienne.

LISETTE.

Cela ſuffit, je ſuis contente de toi ; tu m'as tenu ta parole, & je te tiendrai la mienne. A ce ſoir.

LA FLEUR.

Dois-je bien me fier à toi ? Tu as je ne ſçai quel charme qui ſéduit les gens à qui tu parles, on n'y peut réſiſter : tu auras beau me tromper encore une fois, je ferai pris une troiſiéme. Je vois venir Madame Dorimene. Adieu. Il eſt tems que j'aille rendre réponſe à mon Maître.

LISETTE.

Il eſt dans mes filets.

SCENE V.

DORIMENE, LISETTE.

LISETTE.

JE vous l'avois bien dit, Madame, que votre mari vous trompoit ; mais il s'eſt pris lui-même : & notre partie de bal a eu tout le ſuccès que nous en pouvions attendre. Il ſoupire pour ſa femme, lorſqu'il croit ſoupirer pour une autre : &, ce qu'il y a de plus réjouiſſant, j'ai fait la conquête de la Fleur, ſous l'habit de Chauve-ſouris, dans le tems que vous avez fait celle de Monſieur Philinte, ſous l'habit de Vénitienne.

DORIMENE.

Peut-être qu'il m'a reconnue, & que l'amour qu'il a fait paroître n'étoit qu'une feinte. Dorante que nous avons mis de la partie, doit m'en éclaircir au plûtôt ; je l'attens.

L I S E T T E.

Je viens de lui parler ; il m'a dit que votre époux
avoit mordu à l'hameçon, & qu'il brûloit du defir
d'aprendre qui vous êtes ; jufques-là même, que vous
en devez recevoir une tendre déclaration par écrit. La
Fleur, à qui j'ai tiré les vers du nez, m'a affuré à peu
près la même chofe.

D O R I M E N E.

Après tout, Lifette, c'eft moi qu'il aime.

L I S E T T E.

Mais, vertu de ma vie, s'il vous aime, c'eft parce
qu'il ne vous connoît pas ; & , vous aimer ainfi, n'eft-
ce pas vous être infidèle ?

D O R I M E N E.

Il eft vrai, je voudrois le haïr, mais je ne puis.

L I S E T T E.

Vous ne fçauriez haïr votre mari ? Vous vous moquez ; il n'y a rien de fi naturel à une femme.

D O R I M E N E.

Oui, à une femme du bel air, à une coquette de
profeffion, qui penfe qu'il eft aujourd'hui auffi honteux
de dire qu'on aime fon mari, qu'il l'étoit autrefois d'a-
vouer qu'on avoit un galant : mais il n'en n'eft pas ainfi
d'une femme raifonnable, que le devoir régle, & que
l'honneur conduit.

L I S E T T E.

Quelque vertu que vous ayez, êtes-vous obligée
d'aimer fi fcrupuleufement un mari qui méprife vos
charmes au bout de fix mois, & qui, loin de tenir le
ferment que vous aviez fait l'un & l'autre de vivre comme deux tourterelles, eft dans le deffein d'avoir au plûtôt un apartement féparé du vôtre, & de ne vous voir
que le plus rarement qu'il pourra ?

D O R I M E N E.

Ah ! Ce n'eft point lui qui a formé ce deffein ; je
le connois, il a le cœur trop bien fait : c'eft ce fripon
de Chevalier qui l'empoifonne de fes confeils, & qui,
malheureufement, eft autorifé par l'ufage du monde,

cet ufage dangereux qui féduit les plus honnêtes gens.

LISETTE.

Mais, Madame, cet ufage eft fait auffi pour vous.

DORIMENE.

Tout mon reffentiment fe tourne contre le Chevalier.

LISETTE.

Confolez-vous, vous allez être vengée; j'ai tout dif-
pofé pour cela.

DORIMENE.

Et quelle eft cette vengeance?

LISETTE.

J'ai foulevé fecrettement toutes les femmes du quartier contre lui; je leur ai fait entendre qu'il étoit notre
ennemi déclaré, qu'il nous déchiroit continuellement
par des médifances outrées, & qu'il témoignoit publi-
quement le mépris qu'il avoit pour nous. En un mot,
je l'ai peint à leurs yeux avec des couleurs fi noires, &
elles font toutes fi irritées, qu'il verra beau jeu la pre-
miéte fois qu'il viendra ici. Mais que veut Angeliqua,
les larmes aux yeux?

SCENE VI.

DORIMENE, ANGELIQUE, LISETTE.

ANGELIQUE.

AH! ma bonne fœur, j'ai recours à vous.

DORIMENE.

Qu'eft-ce, qu'avez-vous, Angélique?

ANGELIQUE.

On vient de me dire que mon petit frere vouloit
me donner à ce vieux financier qui vint hier ici. J'ai
bien de l'averfion pour le Couvent, mais je l'aimerois
encore mieux que ce barbon-là. Je mourrois s'il m'é-
poufoit.

DORIMENE.

Remettez-vous, belle Angélique; je fçai le moyen
de l'empêcher.

ANGELIQUE.

Ah! Vous me rendez contente. Je vous dirois bien
autre chofe, auffi-bien cela me péfe fur le cœur, mais
Lifette l'iroit redire.

LISETTE.

Ne craignez rien, je fuis difcrette.

ANGELIQUE.

Jurez-moi que vous n'en parlerez pas.

LISETTE.

Foi d'honnête fille, je vous le promets.

ANGELIQUE.

Je ne me fie pas trop à tous ces fermens-là; mais
je meurs d'envie de parler, je ne puis plus garder le
fecret.

DORIMENE.

Et quel eft ce grand fecret?

ANGELIQUE.

J'ai fait une conquête.

DORIMENE.

Déja?

ANGELIQUE.

Oui.

DORIMENE.

Et de qui?

ANGELIQUE.

De Léandre.

DORIMENE.

Et comment le fçavez-vous?

ANGELIQUE.

Il me l'a dit lui-même, & il m'a juré qu'il m'aimoit
de tout fon cœur, & qu'il feroit charmé d'être mon
mari.

DORIMENE.

Et vous lui avez répondu?

ANGELIQUE.

Je lui ai répondu que je l'aimois bien auffi, & que je ne ferois pas fâchée d'être fa femme.

DORIMENE.

Cela n'eft pas bien ; une jeune fille doit cacher de pareils fentimens.

ANGELIQUE.

Voyez-vous, ma petite fœur ? Cela échape malgré qu'on en ait.

LISETTE.

Mademoifelle Angélique, vous êtes bien avancée pour votre âge, & je crois que votre poupée n'eft pas ce qui vous occupe le plus.

ANGELIQUE.

Parler de poupée à une grande fille comme moi, qui aura bien-tôt treize ans, cela eft impertinent. Me croyez-vous une Agnés ?

DORIMENE.

Allez, Lifette eft une folle qui veut rire. Puifque Léandre vous plaît, & qu'il vous aime, je porterai votre frere à faire ce mariage.

ANGELIQUE *en s'en allant.*

Que j'aurai d'obligation à ma bonne fœur !

SCENE VII.

DORIMENE, LISETTE.

LISETTE.

Voilà une petite fille qui promet beaucoup.

DORIMENE.

Il ne tiendra pas à moi qu'elle ne foit mariée au plûtôt.

LISETTE.

Je ne m'y connois pas, ou, dans quelques années

d'ici, elle ne fera plus d'humeur à fouffrir que fon mari la trompe impunément.

DORIMENE.

Tantpis, Lifette, tantpis. De mon côté, je formerai fa jeuneffe au bien, autant qu'il me fera poffible, & je fçaurai la détourner du mauvais air du monde.

LISETTE.

Quand vous dévriez vous fâcher, je ne puis m'empêcher de vous dire, qu'avec les fentimens que vous avez, vous méritiez d'époufer un provincial. Telle que vous me voyez, j'ai là-deffus le cœur noble & bien placé ; &, fi Monfieur Philinte avoit affaire à moi, ce feroit en fuivant fon exemple que j'en aurois raifon, & j'aurois un amant.

DORIMENE.

Ce n'eft point à une femme comme moi qu'il faut tenir de pareils difcours ; & tant de liberté commence à me déplaire.

LISETTE.

Il n'y a que votre feul intérêt, Madame, qui m'oblige à parler ainfi : &, quand j'ai dit que j'aurois un amant, j'entens par-là un ami de préférence, à qui je donnerois fimplement quelques marques d'eftime, pour jetter une pointe de jaloufie dans le cœur de mon mari. Ce feroit-là, peut-être, le plus fûr moyen de réveiller fa tendreffe endormie par la confiance où le met le trop d'amour que vous avez pour lui.

DORIMENE.

Il n'eft rien que je ne fiffe pour rendre Philinte à mon ardeur ; mais ce moyen eft trop dangereux. Où trouver un homme affez difcret pour ne point abufer de cette préférence, & pour ne point fe donner un air d'amant favorifé ?

LISETTE.

Entre tous les honnêtes gens que votre mérite attire ici tous les jours malgré vous, & dont vous êtes obligée d'entendre les déclarations amoureufes, en dépit de votre vertu, il peut s'en trouver quelqu'un qui ait la difcrétion que vous fouhaitez. Feriez-vous choix de Clitandre ?

DORIMENE.

Non, je ne m'y expoferai jamais.

LISETTE.

Valére vous conviendroit-il ?

DORIMENE.

Non, te dis-je, je ne fçaurois m'y réfoudre.

LISETTE.

Damon ?

DORIMENE.

Tes efforts font inutiles.

LISETTE.

Acafte ?

DORIMENE.

Je te l'ai déja dit, je crains trop les fuites, & mon devoir m'eft trop cher.

LISETTE.

Et Dorante qui a l'air fi fage ? Là, le cœur ne vous dit-il rien pour lui ?

DORIMENE.

Oh ! Pour cela non. Mais le voici.

SCENE VIII.

DORANTE, DORIMENE, LISETTE.

DORIMENE.

EH bien, Dorante, que vous a dit mon mari ? Je fuis impatiente d'aprendre s'il m'a reconnue au bal, dans quels fentimens il eft pour fa femme, & ce qu'il penfe de la Vénitienne.

DORANTE.

Philinte ne vous a point reconnue, Madame ; il n'eut jamais pour vous des fentimens plus tendres ni plus in-différens en même-tems : il eft auffi enchanté des char-

mes de la belle Vénitienne, qu'il eſt peu touché du mérite de ſa femme ; & vous n'eûtes jamais de plus cruelle
rivale que vous-même.

DORIMENE.

Comment avez-vous pû ſi bien découvrir ce qu'il
avoit dans l'ame.

DORANTE.

J'ai mis d'abord la converſation ſur le bal , & je lui
ai demandé s'il y avoit vû la belle Vénitienne qui avoit
ſi bien danſé. Alors il m'a avoué que ſon cœur étoit
pris pour elle , & qu'il mourroit d'envie de ſçavoir qui
elle étoit ; je lui ai répondu qu'elle étoit de ma connoiſſance , mais que j'avois promis le ſecret , & que tout
ce que je pouvois faire , étoit de m'engager à lui donner une lettre à elle-même de ſa part , & à lui en
aporter une réponſe favorable. A ces mots , il a été ſi
tranſporté , qu'il m'a embraſſée de joie , & qu'il a écrit
cette lettre qu'il m'a donnée, en me conjurant de hâter la réponſe dont je l'avois flatté.

DORIMENE.

Une lettre de mon mari ?

DORANTE.

Oui , de lui-même. Quel emploi pour un homme
qui vous aime tendrement , mais qui craint de vous le
dire ! Encore , ſi vous deviez m'en tenir quelque compte , je m'en conſolerois.

DORIMENE.

Je ſuis très - ſenſible à votre maniére obligeante ;
mais , pour répondre à votre amour , je ne le dois ni
ne le puis ; c'eſt même trop que de l'écouter ſans colére. De quoi rit cette folle.

LISETTE.

Je ris de ce qui ſe paſſe entre vous ; & je ne penſe
pas qu'avant Monſieur , on ſe ſoit aviſé de ménager une
intrigue galante entre le mari & la femme dont on eſt
amoureux , & d'être le porteur des billets doux que
l'un écrit à l'autre. Cela eſt nouveau , & tout-à-fait
réjouiſſant ; je ne ſçaurois y ſonger ſans rire.

DORIMENE.

Voyons la lettre.

(*Elle lit.*)

Dorante ne me trompe-t'il pas , belle inconnue que j'adore ? Puis-je me flatter que vous recevrez ma lettre, que vous la lirez , & que vous daignerez y répondre ? Je ne sçaurois plus vivre sans vous connoître. Montrez-vous avec tous vos apas , je vous en conjure.

LISETTE.

Avois-je menti , Madame ?

DORIMENE *continue.*

Vous ne sçauriez me donner de bonnes raisons qui vous obligent à vous cacher ainsi. On m'a dit que ma femme vous faisoit peur , & que vous apréhendiez qu'elle ne fût plus belle que vous. En vérité , est-il question de rivalité entre vous deux ; & me croyez-vous sot jusqu'au point d'aimer ma propre femme ? Depuis que je vous ai vûe au bal , je ne sçaurois la regarder , je la trouve insuportable ; si vous souhaitez , je la verrai si rarement , & de façon que vous n'en serez point jalouse. Mais , afin de vous donner une marque plus éclatante de ma passion , je quitte mon humeur coquette pour m'attacher à vous, & je vous sacrifie une demie-douzaine de maîtresses que j'avois faites pour remplir le vuide du tems.

PHILINTE.

DORIMENE.

Une demie-douzaine de maîtresses ! Le perfide !

LISETTE *bas.*

Et vous n'oseriez avoir un galant.

DORANTE.

Vous voyez , Madame, que je suis sincére ; il vous en écrit plus lui-même, que je ne vous en ai dit. Vous connoissez l'écriture.

DORIMENE.

Hélas ! Je ne la connois que trop.

LISETTE.

Le crime est avéré, vous tenez sa condamnation écrite & signée de sa main. Vous voyez dans sa per-

fonne un petit-maître qui penfe qu'il eft du bel air de
méprifer fa femme, & qui fe tiendroit dégradé, fi l'on
croyoit qu'il eût de l'amour pour elle; qui fait gloire
de fon vice, & qui rit de votre vertu.

(*bas.*)

Il eft tems, Madame, de faire choix d'un ami; vous
n'avez plus d'autre reflource.

DORIMENE. *d'un air fevére.*

Taifez-vous, Lifette.

DORANTE.

Que Philinte eft heureux, Madame! Quoi qu'il
faffe, il ne fçauroit vous déplaire, & vous n'ofez vous
venger.

DORIMENE.

Quoique je fois femme, je ne fuis point vindicati-
ve. Quand je me découvrirai, peut-être qu'il rougira
de fa conduite, qu'il reviendra vers moi, & qu'un jufte
repentir rapellera fa tendreffe.

LISETTE.

Il vous adore à prefent fous l'idée d'une autre; mais,
la reconnoiffance faite, il vous voudra du mal du piége
que vous lui avez tendu; &, honteux d'y avoir donné, il vous haïra comme la pefte.

DORIMENE.

Quoi qu'il en foit, j'en veux voir la fin; ainfi n'en
parlons plus.

LISETTE *à part.*

Quelle femme! Dans tout Paris on ne trouveroit
pas fa pareille.

DORANTE.

Cela étant, Madame, je me charge du dénouëment;
vous n'avez qu'à faire femblant d'aller fouper chez la
Comteffe votre amie, j'aurai foin du refte. Je fuis fâchée d'enlever cet honneur à Lifette, mais l'intérêt de
Léandre m'y oblige: comme il aime la jeune Angélique, & qu'elle dépend de fon frere, je fuis bien aife
de conduire l'intrigue à fon avantage, & de mettre
Philinte dans la néceffité de donner fa fœur à mon ami.

préférablement à je ne fçai quel homme d'affaire qui la lui a demandée.

LISETTE.

J'imagine un moyen qui l'obligera à quitter prife. Vous connoiffez le maître de mufique d'Angélique, c'eft une nouvelle efpéce de fou qu'a produit l'opéra. Il croit être dans le monde, tout ce qu'il vient de jouer fur le théatre ; il ne parle jamais que Roland & qu'Amadis : enfin, il eft fi fort accoutumé à ne rien dire qu'en chantant, qu'il ne fçauroit donner le bon jour autrement. Tel que je viens de le dépeindre, je vais le mettre aux prifes avec notre vieux financier. Dieu fçait fi ce dernier fera chanfonné ! Il faudra qu'il deferte la maifon, ou il aura la tête bonne.

DORIMENE.

Dorante, je vous laiffe, & je vais me difpofer à fortir ; vous me trouverez chez la Comteffe.

DORANTE.

Je ne manquerai pas de m'y rendre.

SCENE IX.

DORANTE, LISETTE.

DORANTE.

MA foi, Lifette, je quitte la partie. Je vois que la vertu de ta maîtreffe eft à l'épreuve de tous les mépris de fon mari, & que fon cœur eft monté à l'aimer toute fa vie. Il n'y a plus que l'intérêt de mon ami qui me faffe agir.

LISETTE.

Il n'a pas dépendu de moi que vous n'ayez eu un plus heureux fuccès, j'y ai employé toute mon adreffe.

DORANTE.

Adieu, ma charmante Lifette. Voici Philinte qui vient, laiffes-nous.

LISETTE.

Monfieur, je fuis votre fervante.

SCENE X.

PHILINTE, DORANTE.

PHILINTE.

Quelles nouvelles , mon cher ? Avez-vous rendu ma lettre ? L'a-t-on lue ? M'aportez-vous une réponfe ?

DORANTE.

Raffurez-vous. J'ai de bonnes nouvelles à vous aprendre : votre lettre , a été fidèlement rendue , elle a été lue ; & , fi l'on n'y a pas répondu…

PHILINTE.

On n'y a pas répondu ? Ah ! Dorante , vous m'abufez. Vous ne connoiffez point la beauté qui me charme , vous ne lui avez point parlé. Je fuis le plus malheureux des hommes ! Je ne dois plus efpérer de la revoir , encore moins d'en être aimé.

DORANTE.

Je ne vous abufe point. Je la connois , je lui ai parlé ; vous la reverrez , & vous en ferez aimé plus que vous ne croyez , & , peut-être , plus que vous ne voudrez.

PHILINTE.

Cela ne fe peut pas. Vous vous trompez , vous dis-je. Je fuis au defefpoir. Ah ! Quel tourment d'adorer ce qu'on ne connoît point , & qu'on ne fçauroit plus retrouver !

DORANTE.

Je vous trompe fi peu , que je vous la nommerois , fans de bonnes raifons qui m'en empêchent , & que vous en demeureriez furpris vous-même.

PHILINTE.

Encore une fois , vous me jouez.

DORANTE.

DORANTE.

Soit. Mais qu'aurez-vous à me répondre si je vous donne ma parole d'honneur qu'elle viendra à son souper chez vous, & qu'elle se fera connoître?

PHILINTE.

Ah ! Ce bonheur passe mon attente.

DORANTE.

A une condition toutefois. . . . Je ne sçai si vous voudrez y souscrire.

PHILINTE.

Parlés, il n'est rien que je ne fasse.

DORANTE.

La personne que vous aimez, entre, comme moi, dans les intérêts de Léandre ; ainsi elle ne veut se découvrir à vous, qu'à condition que vous donnerez à notre ami la jeune Angélique dont il est amoureux.

PHILINTE.

Ah ! Je donnerois ma femme, s'il le falloit.

DORANTE.

Oubliez-vous que vous avez la plus belle femme de Paris ?

PHILINTE.

Est-elle comparable à mon inconnue ?

DORANTE.

Elle a beaucoup de son air & de sa taille.

PHILINTE.

Vous vous moquez ; c'est une naine en comparaison. Quand je me représente ma Vénitienne, que je me rapelle sa grace à danser, ses yeux qui brilloient au travers du masque, & ses belles mains que j'ai eu le bonheur de baiser, je suis hors de moi-même, j'extravague de plaisir. Que sera-ce, bon Dieu ! quand je verrai tous ses apas à découvert, & que le masque ne me cachera plus son visage, qui est, sans doute, le plus beau du monde ? Allez, mon cher ; hâtez-vous de me faire voir tant de charmes.

DORANTE.

Si vous l'alliez trouver moins belle ?

PHILINTHE.

Cela est impossible. Allez , vous dis-je.

DORANTE.

Sur-tout , que le Chevalier ne se trouve pas ici.

PHILINTE.

Ne craignés rien ; j'ai laissé un billet chez lui , il n'aura garde de venir. Mais partés, je vous en conjure.

DORANTE.

Je vais la trouver de ce pas , & la conduire ici dès qu'il sera nuit. Mais souvenez-vous de la condition.

PHILINTE.

Allez. Dites-lui qu'elle peut faire dresser le Contrat comme elle jugera à propos : elle est maîtresse absolue de mes volontés ; & je donnerai les mains à tout ce qu'elle aura fait.

DORANTE.

Vous ne risqués rien ; elle ménagera vos intérêts comme les siens propres. Adieu. Je pars.

PHILINTE.

Songeons maintenant à nous débarrasser de ma femme. Mais la voici. Qu'elle me paroît enlaidie !

SCENE XI.

PHILINTE, DORIMENE, LISETTE.

PHILINTE.

AH ! Ah ! Madame, vous voilà disposée à sortir ! Cela me fait plaisir.

DORIMENE.

Oui , Monsieur ; je vais souper chez la Comtesse.

PHILINTE.

Vous m'avez prévenu, & je voulois vous le dire.

Vous êtes trop sédentaire ; il faut vous mettre à la mode, & ne plus vivre si bourgeoisement.

LISETTE.

C'est ce que je lui représente à tout moment. Il ne convient pas à une femme de sa qualité, de se lever le jour & de se coucher la nuit, comme une simple Marchande de la rue saint Denis.

PHILINTE.

Allez, Madame ; je vous ordonne de vous bien réjouir.

LISETTE.

Voilà ce qui s'apelle un bon mari, & vous devez le croire, Madame.

DORIMENE.

Adieu, Monsieur ; vous méritez d'être obéi.

PHILINTE.

Heureusement la voilà partie. Mais j'aperçois la Fleur tout essouflé.

SCENE XII.

PHILINTE, LA FLEUR.

LA FLEUR.

AH ! Monsieur, je viens d'être témoin d'un spectacle tragicomique. Les femmes du quartier ont voulu assassiner Monsieur le Chevalier à votre porte.

PHILINTE.

Voilà une terrible avanture !

LA FLEUR.

Comme il alloit entrer chez vous, il s'est vû tout-à-coup investi d'une troupe de femmes qui ont crié haro sur lui. On le saisit, on le désarme ; déja plus d'une quenouille tirée avoit meurtri sa tête, & déja plus d'une main furieuse montroient les dépouilles sanglantes de ses cheveux arrachés. . . .

PHILINTE.

Alte-là. Point de description, je te prie.

LA FLEUR.

C'est pourtant-là mon fort, Monsieur, & j'ai l'imagination fleurie : mais, puisque vous le voulez, je baisse d'un ton, & je vous dirai sans figure, que Monsieur le Chevalier eût été mis en piéces, si le carosse d'un de ses amis, qui est arrivé là fort à propos, & qui a écarté la foule, ne l'eût tiré d'embarras.

PHILINTE.

Rien n'est plus à craindre qu'une populace irritée.

LA FLEUR.

Et, sur-tout, une populace de femmes. Je vais être à l'avenir diablement circonspect sur leur compte. Quand j'aurai du mal à dire de ces friponnes-là, je le dirai si bas qu'on ne m'entendra pas. Mais, Monsieur, parlons d'autre chose : votre habit est tout prêt, &c...

PHILINTE.

Je n'en ai plus que faire ; ma charmante inconnue doit se rendre ici ce soir.

LA FLEUR.

Et la Chauve-souris, Monsieur ?

PHILINTE.

Fais venir Angélique.

SCENE XIII.

PHILINTE *seul.*

A Lidor, ce vieux Financier, me la demande : on dit qu'il a de gros biens, mais mon amour veut que je l'accorde à Léandre. En lui donnant ma sœur, je vais revoir & connoître ma Maîtresse. Dois-je balancer un instant ? J'aperçois Angélique ; proposons-lui la chose : toute jeune qu'elle est, elle n'aura garde de reculer. Ses yeux disent assez qu'elle n'est point

apellée au Couvent ; d'ailleurs , elle eſt dans un âge
où l'on ne déguiſe rien.

SCENE XIV.

PHILINTE, ANGELIQUE,

PHILINTE.

Approchez-vous , Angélique.
ANGELIQUE,
Que vous plaît-il , mon frere ?
PHILINTE.
Vous m'avez l'air de vous ennuyer hors du Couvent.
ANGELIQUE.
Pardonnez - moi , mon petit frere ; je ne ſçaurois
mieux être qu'auprès de vous.
PHILINTE.
Mais ne quitteriez - vous pas ce petit frere , pour
avoir un mari ? Vous riez. Qu'eſt-ce que cela ſignifie ?
Auriez-vous déja du goût pour le mariage ?
ANGELIQUE.
Ma couſine Henriette s'eſt bien mariée , j'ai pour-
tant trois mois plus qu'elle.
PHILINTE.
Je croyois qu'un homme vous faiſoit peur.
ANGELIQUE.
Oh ! Je ne crains que les eſprits.
PHILINTE.
La friponne ! Cela étant , je veux vous donner à
Monſieur Alidor.
ANGELIQUE.
Non, non, celui-là me fait peur. Que ne me parlez-
vous de Léandre ?
PHILINTE.
Vous l'aimez donc ?

ANGELIQUE..

Eh! ....

PHILINTE.

Que veut dire ce eh ?

ANGELIQUE.

Mon Dieu! Ne l'entendez-vous pas ? Ce eh , veut
dire oui.

PHILINTE.

Comment, Mademoiselle, vous aimez un homme
à votre âge, & vous ofez le dire ?

ANGELIQUE.

Eft-ce qu'il y a du mal à aimer ce qui paroît aimable ?

PHILINTE.

Sans doute; & cela eft défendu aux jeunes filles
comme vous.

ANGELIQUE.

Je ne l'aurois jamais crû ; cela eft fi doux, & l'on
a tant de plaifir. Ah! Voici Léandre. Quand vous dévriez me gronder , je ne puis m'empêcher d'être bien
aife.

SCENE XV.

PHILINTE, LEANDRE, ANGELIQUE.

LEANDRE.

JE viens fçavoir, Monfieur, s'il eft vrai que vous
confentiez à mon bonheur, & que vous accordiez
Angélique à mon amour?

PHILINTE.

Oui, Monfieur ; je ferai honneur à ma parole :
pourvû que votre ami tienne la fienne, vous pouvez
compter là-deffus.

LEANDRE.

S'il ne tient qu'à cela, je fuis fûr d'être heureux.

Et vous, belle Angélique, y donnez-vous les mains ?

ANGELIQUE.

J'aime tant mon cher frere, que je suis prête à faire sa volonté.

LEANDRE.

Après un tel aveu, je vais tout disposer pour un nœud si charmant.

ANGELIQUE...

Ah ! Mon petit frere, que je vous baise.

SCENE XVI.

PHILINTE, ALIDOR, ANGELIQUE, LA FLEUR.

LA FLEUR.

Voilà Monsieur Alidor que je vous presente.

PHILINTE *à part.*

Peste soit de l'importun !

ANGELIQUE *bas.*

Qu'il est vilain !

ALIDOR.

Dépêchez-vous, Monsieur, de me donner cette belle enfant, car la brigue est forte : c'est à qui m'épousera.

LA FLEUR.

Le beau brun ! pour être couru des femmes.

ALIDOR.

Angélique a eu le bonheur de me plaire, & je lui jette le mouchoir.

PHILINTE.

La faveur est grande ; mais je crains qu'elle n'ait de la répugnance à se marier.

ALIDOR.

Je n'en crois rien. N'est-il pas vrai, mon cœur, que

vous feriez charmée d'être la femme d'un homme riche
comme moi ?

ANGELIQUE *lui fait la révérence.*

Je fuis votre fervante, Monfieur ; je ne fuis pas in-
téreffée.

LA FLEUR.

Voulez-vous que je vous parle franchement ? Mademoifelle Angélique eft trop jeune pour vous ; tout le
monde riroit d'un mariage fi mal afforti. Un garçon
fexagénaire n'eft pas le fait d'une fille de douze ans.

ANGELIQUE.

Oh ! J'en ai bien treize , s'il vous plaît.

ALIDOR.

Moi, garçon fexagénaire ! Tu en as menti ; c'eft
tout fi j'ai cinquante-huit ans.

LA FLEUR

Ce n'étoit pas la peine de me donner un démenti.

ALIDOR.

Aprens, mon ami, qu'on ne compte point les années à qui eft en état de compter des millions.

LA FLEUR.

Il eft vrai qu'il n'y a point de barbon que la fortune
n'ait la vertu de rajeunir , de magot qu'elle n'embel-
liffe , ni de vilain qu'elle ne puiffe annoblir.

ALIDOR.

Voilà un valet des plus impertinens ; & vous de-
vriez, Monfieur, l'obliger à fe taire.

PHILINTE.

Tais-toi, la Fleur.

LA FLEUR.

Pardon , Monfieur ; mais je ne puis m'empêcher de
dire la vérité.

PHILINTE *à part.*

Que le jour eft long , & que ce maudit homme me
fatigue ! Quelqu'un ne pourra-t-il pas m'en défaire ?
(*haut.*) N'entens-je pas chanter ?

ANGELIQUE.

C'eft, fans doute, mon Maître de Mufique.

LA FLEUR.

C'eſt lui - même. Il eſt dans l'entouſiaſme ; écou-
tons, il va nous réjouir.

SCENE XVII.

PHILINTE, ALIDOR, ANGELIQUE, LE MAISTRE DE MUSIQUE, LA FLEUR.

LE MAISTRE de Muſique.

D Épit mortel, tranſport jaloux,
   Je m'abandonne à vous.
Seuls confidens de mes peines ſecrettes...
Vous raſſemblez en vous , belle Déeſſe,
   Tout ce qui fait briller les autres Dieux.
Ah ! J'attendrai long-tems , la nuit eſt loin encore.

PHILINTE.

Cela n'eſt que trop vrai , & je ſuis dans le cas.

ALIDOR.

Quels diables de pots-pourris ! Il eſt fou.

LE MAISTRE de Muſique.

Que de feux ! Que d'éclairs ! Quels éclats de tonnerre ?
Sous mes pas chancelans je ſens trembler la terre ;
   Ses goufres ſont ouverts.

ALIDOR.

Il faudroit le lier ; ſa folie dégénere en rage.

LE MAISTRE de Muſique.

C'eſt Clitemneſtre. Fuis dans la nuit éternelle ,
   Spectre horrible , ombre criminelle ,
   Crains encore ma juſte fureur.

     (*Il prend Alidor au collet.*)

ANGELIQUE *en riant.*

Serrez fort.

ALIDOR.

Je ne ſuis point Clitemneſtre , de par tous les diables ; & vous m'étouffez.

PHILINTE.

Ne craignés rien. Ne voyez-vous pas qu'il joue?

ALIDOR.

Quel diantre de jeu d'étrangler les gens!

LE MAISTRE de Musique.

Où suis-je? Pardonnez à l'erreur qui m'enchante;
Ma musique, Messieurs, est bien votre servante.

ALIDOR *au maître de Musique.*

Et je suis à présent votre valet (*à Philinte.*) Quelle
manie de parler toujours en chantant?

LE MAISTRE de Musique.

S'exprimer en chantant n'est pas une manie;
C'est ainsi que chez nous parlent tous les héros,
Les Cadmus, les Atys, les Rolands, les Renauds,
Dont j'ai souvent l'honneur de me voir la copie.

ALIDOR.

Il continue à extravaguer.

PHILINTE.

C'est un privilége de la Musique. Dès qu'on chante, on peut tout dire impunément; l'air fait toujours passer les paroles.

LA FLEUR.

Sur ce pied-là, il y a bien des gens qui ne dévroient jamais parler autrement.

ALIDOR.

Me conseillez-vous d'aprendre la Musique?

PHILINTE.

Oh! Oui, je vous le conseille très-fort ; & vous ne
pourriez mieux vous adresser qu'à Monsieur.

LE MAISTRE de Musique.

Gardez-vous de me croire un vil Musicien,
                Petit chantre ordinaire;
        De l'Opéra je suis pensionnaire,
Et me dis, à bon droit, Académicien.

ALIDOR.

La chose étant ainsi, touchés-là; vous aurez l'honneur de m'avoir pour écolier.

LA FLEUR.

Il eſt bien-tôt d'âge à l'être.

ALIDOR.

Dès demain nous commencerons. Dites-nous maintenant quelque choſe, là... qui ſoit drôle & qui ſoit nouveau.

PHILINTE.

Sur-tout, quelque choſe qui ſoit court.

ANGELIQUE.

Mon cher maître, je vous recommande les vieux amoureux.

LE MAISTRE de Muſique.

Qu'un barbon excite à rire
Dans ſon amoureux délire,
Qu'il eſt ſot, & qu'il eſt laid,
Quand il s'attendrit & ſoupire
Près d'un jeune & charmant objet !
Les graces lui font la moue,
Les ris badins ſur ſa joue,
Apliquent plus d'un ſouflet ;
Et l'amour qui de lui ſe joue,
Le régale d'un camouflet.

LA FLEUR à *Alidor*.

Que dites-vous de ce couplet ? (*en chantant.*) Qu'un barbon...

ALIDOR.

Je dis que tu es un ſot, & le couplet auſſi.

PHILINTE.

Vous demandiés de la nouveauté, vous devez être ſatisfait.

ALIDOR.

L'air & les paroles, tout eſt impertinent ; & je me range du côté des anciens : on ne fait plus rien qui vaille.

LE MAISTRE de Muſique.

Quoique d'âge aſſez mûr, vous parlez en jeune homme ;
Mais nous vous formerons, ou le diable m'aſſomme.

LA FLEUR.

Il court rifque de mourir fous le bâton.

LE MAISTRE de Mufique.

Peut-être ce couplet vous plaira beaucoup mieux.

     Qu'un homme de Finance
     Déplaît à tous les yeux,
     Lorfque fon injufte opulence
     Lui fait oublier fes ayeux.

ALIDOR.

C'en eft trop; ne fouffrons pas qu'on nous joue plus long-tems. Sortons.

LE MAISTRE de Mufique *en s'en allant.*

     Doris étoit ma derniére amourette,
     Vous êtes mon premier amour;
     Que tout fe reffente
     De la fureur que je fens.

PHILINTE.

Grace au Ciel, je fuis débarraffé de l'un & de l'autre. A la fin le Muficien m'étoit à charge autant que le Financier. Dorante ne vient pas; je brûle d'impatience.

LA FLEUR.

Monfieur, le voici.

S C E N E   X V I I I.

PHILINTE, DORANTE, LEANDRE, ANGELIQUE, LA FLEUR, UN NOTAIRE.

PHILINTE.

HÉ bien, Dorante, me tenez-vous parole ?

DORANTE.

Oui ; vous allez être content. J'ai amené le Notaire, & le Contrat est tout dressé.

ANGELIQUE.

Le Contrat est dressé ! Que je suis aise ! Je serai mariée ?

PHILINTE.

Angélique, conduisez le Notaire dans l'autre apartement.

ANGELIQUE *à Léandre.*

Vous ne me suivez pas ?

LEANDRE.

Je ne vous quitte pas, ma belle Angélique.

SCENE XIX.

PHILINTE, DORANTE, LA FLEUR.

PHILINTE.

PArlez, nous voilà libres. M'amenez-vous la beauté que j'aime ?

DORANTE.

Elle vous attend dans son carrosse ; allez lui donner la main.

PHILINTE.

J'y cours.

LA FLEUR.

Allons voir si ma Chauve-souris n'est point avec elle.

SCENE XX.

DORANTE *seul.*

J'Ai fait tout ce que je devois faire pour mon ami, & j'ai conduit la chose au point qu'il souhaitoit. Retirons-nous maintenant, je suis ici de trop. De quelque façon que la piéce se dénoue, n'en soyons point le spectateur, & ne risquons point d'y jouer un fort sot personnage. Voici Philinte & Dorimene ; sortons.

(Il s'en va.)

S C E N E XXI.

PHILINTE, DORIMENE *déguisée en Vénitienne*, LA FLEUR, LISETTE *déguisée en Chauve-souris*.

P H I L I N T E *à Dorimene*.

Madame, puisque nous sommes seuls, souffrez que je me livre à toute la vivacité de mes transports. Mon bonheur est si grand, que j'ai de la peine à le croire. Est-il bien vrai, ma charmante inconnue, que je vous revois, que vous avez pitié de mes maux, & que vous êtes venue ici dans le dessein de vous faire connoître ?

D O R I M E N E.

Vous n'en devez pas douter.

LA FLEUR *à Lisette*.

Mon adorable Chauve-souris, puis-je me flatter que vous ayez suivi dans ce lieu votre maîtresse, avec la même bonne volonté pour votre esclave la Fleur ?

L I S E T T E.

Il n'y a rien de plus sûr.

P H I L I N T E.

Otez donc ce masque jaloux, qui cache à mes yeux plus de la moitié de vos charmes.

D O R I M E N E.

Que sçavez-vous s'il ne cache point de vrais défauts ? Mes traits pourront bien vous déplaire.

LA FLEUR *à Lisette*.

Vous voulez bien que je vous fasse la même prière ? Ne vous laisserez-vous point attendrir par ce regard languissant ? Ce soupir enflammé ne vous touchera-t'il pas ?

L I S E T T E.

J'attens que ma maîtresse se découvre la première ; il ne seroit pas honnête de la prévenir.

PHILINTE *à Dorimene.*

Vous apréhendez de me déplaire ! Quelle injuste idée !

DORIMENE.

Croyez-moi, je suis du nombre de celles à qui le masque est favorable : en ôtant le mien, je perdrai toute ma beauté, & vous allez me haïr.

LA FLEUR *à Lisette.*

Montrez-moi votre friand minois, que mes yeux se rassasient du plaisir de le voir.

LISETTE.

Je vous avouërai franchement que je suis effroyable.

PHILINTE *à Dorimene.*

Ah ! Vous ne pouvez être que charmante ; vos yeux m'en font de bons garans. Découvrez-vous au plûtôt. Faut-il vous en prier à genoux ?

LA FLEUR *à Lisette, en lui prenant le bras.*

Vous ne le diriez pas, mon cœur, s'il étoit vrai ; & voilà un échantillon qui fait juger trop favorablement de toute la piéce. Laissez-moi voir seulement le bout de votre joli petit nez, par ces tendres genoux que je tiens embrassés.

DORIMENE *à Philinte.*

Puisque vous le voulez, je vais vous satisfaire ; mais, auparavant, il faut vous acquitter de ce que vous avez promis à Léandre, & signer le Contrat que vous aporte le Notaire.

PHILINTE.

Je signe tout aveuglément.

LE NOTAIRE.

Le Contrat est en bonne forme, & voilà qui est fait.

PHILINTE.

Donnez, donnez, Monsieur. (*Le Notaire sort.*)

SCENE DERNIERE.

PHILINTE, DORIMENE, LA FLEUR, LISETTE.

PHILINTE.

QUe tardez-vous, Madame, à me rendre le plus heureux des hommes ?

LA FLEUR *à Lisette.*

Allons, ma reine.

DORIMENE *en se découvrant.*

Je le vois bien, je ne puis plus m'en défendre ; il faut me découvrir malgré que j'en aye. Me reconnoissez-vous ?

LISETTE *ôtant aussi son masque.*

Que dis-tu de ce visage ?

PHILINTE.

Que vois-je ? C'est ma femme !

LA FLEUR.

Ah ! C'est Lisette ! Je suis pris pour dupe.

LISETTE.

Tu vois que je suis fille de parole.

DORIMENE.

Je vous l'avois bien dit que le masque m'étoit avantageux, & que je n'avois qu'à l'ôter pour me faire haïr.

PHILINTE.

J'avoue que jamais étonnement ne fut égal au mien ; mais mon trouble se dissipe, je sors d'erreur, & votre vertu triomphe. Oui, Madame, je vous pardonne le piége où j'ai donné, puisque c'est l'amour qui l'a tendu ; &, quoique vous soyiez ma femme, vous n'êtes pas moins digne de toute ma tendresse. Je reviens du préjugé où j'étois ; j'abhorre tous les mauvais conseils dont on m'avoit empoisonné ; je vais enfin réparer une infidélité de deux mois, par un redoublement d'amour

qui ne finira qu'avec ma vie : &, pour vous prouver
que mon retour eſt ſincére, je confirme ce que je viens
de ſigner, & je donne mon conſentement au mariage
de Léandre & d'Angélique, puiſque vous l'aprouvez.

LA FLEUR.

Voilà qui eſt édifiant pour le tems où nous ſommes.

LISETTE *à part.*

Il n'y a que ſix mois qu'ils ſont mariés, je les attens
au bout de l'année.

LA FLEUR.

L'exemple eſt contagieux, & me donne preſque
envie de t'épouſer.

LISETTE.

Si tu me preſſois bien fort, je pourrois bien en faire
la folie.

LA FLEUR.

Peut-être ferions-nous mieux de garder le célibat.

LISETTE.

Tu as raiſon ; prenons quelques jours pour y ſonger, c'eſt le parti le plus ſage.

L'IMPATIENT,

COMEDIE.

PRÉCEDÉE D'UN PROLOGUE.

Repreſentée par les Comédiens François, au mois de Janvier 1724.

ACTEURS DU PROLOGUE.

L'AUTEUR.

UN COMEDIEN.

ARBATE, Auteur tragique.

PHILINTE, Auteur comique.

La Scène est au Foyer de la Comédie.

L'IMPATIENT,

COMEDIE.
PROLOGUE.

SCENE PREMIERE.
L'AUTEUR, UN COMEDIEN.

L'AUTEUR.

C'EST moi qui doit jouer le plus pénible
Rôle,
Et nature pâtit.

LE COMEDIEN.

J'en crois votre parole,
Affronter un Public, l'état est violent.
Moi-même tous les jours je l'aborde en tremblant:
Mais il faut vous flatter d'une douce espérance.

L'AUTEUR.

Un Poëte a toujours assez de confiance.
Mon amour propre seul fait souffrir ma raison:
J'ai de me découvrir grande démangeaison.

LE COMEDIEN.

Je sçai qu'avant le tems, le desir de paroître,
Excite vos pareils à se faire connoître.
Les Auteurs en ce point ressemblent aux amans:
Un mot, un seul regard trahit leurs sentimens.

Jouer incognito ce fâcheux perfonnage,
Eft pourtant, felon moi , le parti le plus fage,
Le plus utile , enfin le plus réjouiffant :
Heureux ! qui fe dérobe au Critique perçant.
Vous pouvez dans le port laiffer gronder l'orage.
L'ouvrage rifque feul & s'expofe au naufrage ;
S'il déplaît, on n'a point le fenfible regret
De voir fon nom en butte au barbare fiflet ;
Si par un fort heureux la Piéce eft aplaudie ,
Le Public à l'Auteur donne la Comédie.
Quel charme de goûter les piquantes douceurs ,
De s'entendre louer par fes propres cenfeurs !
Et le voile levé , par ce jeu falutaire ,
De lire dans le cœur d'un ami peu fincére :
La plus aigre cenfure & l'encens le plus doux ,
Sans perdre de leur force , arrivent jufqu'à vous.
Evitant le poifon qu'offre la flatterie ;
Vous triomphez encor de la clabauderie ;
Et riant en fecret du Public curieux ,
Vous êtes invifible & prefent à fes yeux.

L' A U T E U R.

Je goûte vos raifons : mais quel martyre extrême !
De voir fouvent un fat qui vous dit à vous même ,
L'Auteur eft fort prudent , l'ouvrage eft des plus plats
Sur l'étiquette ?

LE COMEDIEN.

On vient , ne vous découvrez pas.

L' A U T E U R.

Leur cauftique maintien m'infpire de la crainte.
Sont-ils connus de vous ?

LE COMEDIEN.

C'eft Arbate & Philinte ,
Auteurs prompts à blâmer , critiques pointilleux ,
Clabaudeurs éternels & fouvent dangereux.

SCENE II.

L'AUTEUR, LE COMEDIEN, ARBATE, PHILINTE.

ARBATE à *Philinte*.

Connoissez vous l'Auteur de la nouvelle Piéce ?

PHILINTE.

Non, mais, l'Impatient ! ce titre seul me blesse.
(*s'adressant à l'Auteur.*)
Je gage que Monsieur sera de mon avis.

L'AUTEUR.

Je n'en dis rien, l'Auteur est trop de mes amis.
(*bas au Comédien.*)
Vous le voyez.

LE COMEDIEN à part.

Je crains que son front ne décelle,
Malgré tous ses efforts sa contrainte cruelle.

PHILINTE.

Le caractére est vague, & s'il n'est détaillé,
Ce sera, sur ma foi, *le Grondeur* r'habillé,
Ou *les Fâcheux* qu'ensemble on aura sçu refondre.

LE COMEDIEN.

Un homme du métier peut-il ainsi confondre ?

L'AUTEUR *d'un air embarrassé*.

Je m'en étonne fort (*à part.*) Je l'avois bien prévû.

PHILINTE à *l'Auteur*.

Un ami de l'Auteur ne doit pas être cru.
Mais vous (*au Comédien*) répondez-moi ?

L'AUTEUR *bas au Comédien*.

La fâcheuse rencontre.
Parlez pour moi.

LE COMEDIEN *bas*.

Feignez ; votre trouble se montre.

PHILINTE *au Comédien.*

Quelle est la différence !

LE COMEDIEN.

On est impatient
Sur-tout dans la jeunesse où le sang est bouillant :
Le moindre obstacle alors nous trouble, nous agite,
Et courant au plaisir, l'attente nous irrite.

L'AUTEUR.

Il n'est rien de plus vrai.

LE COMEDIEN.

Mais on devient grondeur,
Quand les ans ont produit un fond de noire humeur ;
On voudroit, avec soi, voir vieillir tout le monde,
L'ennui d'avoir vécu fait que toujours on gronde.
On se voit à regret marcher vers son déclin,
Et du plaisir d'autrui l'on se fait un chagrin.

L'AUTEUR.

Fort bien !

PHILINTE.

Et les fâcheux ? Contentez-moi, de grace.

LE COMEDIEN.

L'Impatient agit & lui seul s'embarrasse.
De son extrême ardeur naît son retardement,
Et l'attente incertaine est son plus grand tourment ;
Ou s'il arrive enfin qu'un fâcheux l'incommode,
C'est nécessairement, & non par épisode.

L'AUTEUR.

Eh bien, Monsieur, eh bien, êtes-vous satisfait ?

PHILINTE.

La chose étant ainsi, ce sera *l'Inquiet.*

L'AUTEUR *au Comédien.*

Ferme.

LE COMEDIEN.

L'Impatience est une promptitude,
Qui n'a rien de commun avec l'inquiétude ;
L'une est ardeur du sang, l'autre chagrin d'esprit.

L'AUTEUR.

Oh ! parbleu, pour le coup, je n'aurois pas mieux dit.

ARBATE.

ARBATE.

Il faut que l'Etourdi soit donc son caractére.

L'AUTEUR.

Tenés bon.

LE COMEDIEN.

L'un de l'autre étrangement différe.
Qu'est-ce qu'étourderie ? Une éclipse d'esprit,
Qui fait qu'à contre-tems un homme parle, agit,
Un délire éternel, voisin de la sottise,
Qui nous rend indiscrets, & fait qu'on nous méprise;
Un incurable mal qui trouble la raison,
Bannit le jugement, ôte l'attention;
Un long égarement qui nous fait cheoir sans cesse.
Qu'est-ce qu'impatience ? Un bouillon de jeunesse,
Des vives passions impétueux enfant,
Dont le brusque transport nous entraîne souvent;
Mais qui d'un bon esprit n'est pas moins le partage,
Qui n'est que passager, & que tempére l'âge.
Douce imperfection, excusable défaut,
Dont on n'est après tout corrigé que trop tôt.
Un homme impatient peut être fort aimable:
Un étourdi bien-tôt devient insuportable,
Sans en être choqué, de-là vient qu'on s'entend
Apeller tous les jours du nom d'impatient,
Quand celui d'étourdi se prend pour une injure;
La différence frape, & la preuve en est sûre.

L'AUTEUR.

Vous ne vous rendez pas à ce raisonnement?

LE COMEDIEN à l'Auteur.

Mais vous vous trahissez par trop d'empressement.

PHILINTE.

Ce sont subtilités.

ARBATE.

Distinctions frivoles.

L'AUTEUR.

L'ouvrage fera voir si ce sont des paroles.

ARBATE.

Pour la Piéce, un peu fort, vous vous interressez,

Tome I,   C

En seriez - vous le pere ?

L'AUTEUR.

Oh, non.

PHILINTE.

Vous rougissez.

LE COMEDIEN à l'*Auteur.*

Vous voilà pris, sortez.

PHILINTE.

C'est trop de modestie.

L'AUTEUR.

Pour ôter. . . . tout soupçon, je quitte la partie.

(*en sortant.*)

Quels efforts ! J'ai souffert des tourmens infinis !

SCENE III.

ARBATE, PHILINTE, LE COMEDIEN.

PHILINTE *en riant.*

AH! ah, vraiment l'Auteur est fort de ses amis.

ARBATE.

Il s'est fort plaisamment décelé de lui-même.

LE COMEDIEN.

Qu'on découvre aisément un Poëte qui s'aime !

PHILINTE.

Je juge par l'Auteur que l'ouvrage est mauvais.

LE COMEDIEN.

Monsieur, sans avoir vû ne décidons jamais.

PHILINTE.

Mais vous qui me parlez avec tant d'assurance,
Avez vous des Auteurs assez de connoissance ?
Avec Terence & Plaute êtes-vous faufilé ?
On voit assez que non, quand vous avez parlé.

LE COMEDIEN.

Mieux que le Cabinet, la longue expérience
Du Theâtre, Monsieur, nous aprend la science ;

Forme le peu de goût que nous pouvons avoir.

PHILINTE.

Une simple routine est tout votre sçavoir.

ARBATE.

La preuve incontestable est mon plus bel ouvrage,
Qui vient d'être proscrit par votre aréopage.
Je ne puis rapeller ce honteux jugement,
Sans indignation & sans frémissement.

PHILINTE.

Vous êtes mon Confrére, & sans doute en comique?

ARBATE.

Vous me connoissez mal, je travaille en tragique.

LE COMEDIEN.

Monsieur, par ses discours nous le fait assez voir.

PHILINTE *regardant Arbate, & mettant*
son doigt sur le front.

Ces Tragiques ont-là je ne sçai quoi de noir.

ARBATE *à Philinte.*

Ecoutez seulement la fuite de Clelie,
Ce morceau vaut lui seul toute une Tragédie.

(*d'un ton tragique.*)

» Aux yeux de l'ennemi, saisie d'étonnement,
» Elle prend un Coursier, le monte fiérement,
» Et d'un front assuré, le guidant vers le Tibre,
» S'élance dans les flots, s'écriant je suis libre :
» Tout semble seconder un si hardi dessein,
» Le docile Coursier obéit à sa main ;
» Enchanté par un Dieu qui doit l'avoir conduite
» Le Soldat sur le bord aplaudis à sa fuite ;
» Et l'onde qui paroît pacifier son cours,
» La rend sur l'autre rive & respecte ses jours.

LE COMEDIEN.

Ces Vers sont assez beaux, mais de la Tragédie
Les Vers furent toujours la derniére partie.

ARBATE *à Philinte.*

Vous demeurez tranquille, & vous n'admirez pas ?

PHILINTE.

Pardonnez-moi, Monsieur, mais j'admire tout bas.

LE COMEDIEN.

Envain par le langage une oreille est séduite;
Pour contenter l'esprit cherchons de la conduite;
Et pour gagner le cœur trouvons de l'intérêt.

ARBATE.

Refuser un poëme où tout frape, où tout plaît!

PHILINTE à *Arbate*.

Touchés-là, j'ai reçu la même ignominie.
Je m'étois surpassé par une Comédie;
Par un ouvrage neuf où brilloient les portraits;
Où régnoit le plaisant, où petilloient les traits:
Par cet échantillon jugés de son mérite;
C'est un portrait frapé qui vaut bien votre fuite.
» Offrirai-je à vos yeux la femme sans égards,
» Qui signale ses jours par de nouveaux écarts;
» Qui donnant un champ libre à ses extravagances,
» Secoue effrontément le joug des bienséances;
» Qui rit de la vertu, prend des airs Cavaliers,
» Et se pique sur-tout d'avoir des Créanciers;
» Qui des jeunes Marquis affecte l'équipage,
» Et qui ne craint rien tant que de passer pour sage;
» Qui sçait l'art d'inventer plus d'un nouveau serment,
» Et qui le sçait au jeu placer heureusement;
» Qui rendant son mari confident de sa gloire,
» Conte de ses excès elle-même l'histoire;
» Et pour ne pas laisser son mérite imparfait,
» Qui fait fort bravement le coup de pistolet.

LE COMEDIEN.

Je ne puis m'empêcher de louer la peinture,
Je la trouve brillante, elle est d'après nature;
Mais c'est-là son défaut.

PHILINTE à *Arbate*.

Quoi vous ne riez pas,
Et vous êtes distrait?

ARBATE.

Monsieur, je ris tout bas.

LE COMEDIEN.

Le Théâtre eût toujours la sagesse en partage.

PHILINTE.

Mais le monde qu'il peint, ce monde est-il si sage ?

LE COMEDIEN.

Il veut qu'on le ménage ; un semblable tableau
Blesseroit trop sa vûe & demande un rideau.
Les traits sont trop hardis & les couleurs trop fortes.

PHILINTE.

Vous ne demandez plus que des figures mortes :
Vous exigez qu'on soit froidement compassé ;
Et voilà ce qui rend le Théâtre glacé.
Il faut du neuf, morbleu, du neuf que l'on admire ;
Soyons originaux ou gardons-nous d'écrire.
Laissons l'exactitude aux vulgaires esprits,
Et que d'heureux écarts distinguent nos Ecrits.

LE COMEDIEN.

Il est, je l'avouerai, d'heureuses hardiesses,
Qui des régles souvent affranchissent les Piéces :
Mais toujours la raison doit régler nos accès.
Hazardons sagement, sur-tout dans nos essais,
Gardons fidèlement l'exacte bienféance,
Et ne donnons jamais dans l'extrème licence :
Si les cœurs sont impurs, les yeux sont délicats,
Le vice nud déplaît même aux plus Scélérats.
Heureux qui sçait unir dans une Piéce aimable,
L'utile & le plaisant, l'honnête & l'agréable !
Un Ouvrage sans mœurs est un monstre odieux ;
Et le siécle est critique autant que vicieux.

PHILINTE.

Je sçai lire à travers son malin artifice,
Le siécle veut par-là qu'on respecte son vice :
Jours où vivoit Moliére & trop tôt disparus,
O ! desirables tems, qu'êtes-vous devenus !
On pouvoit sans égards, sans crainte, sans scrupule,
De toutes ses couleurs marquer le ridicule :
Mais je l'attraperai ce siécle extravagant,
Je prétens à la Foire illustrer mon talent.

LE COMEDIEN.

C'est le plus court chemin qui conduit à la gloire,

A R B A T E.

Selon moi l'on dévroit à cette même Foire,
Renvoyer le Comique, & ce lieu deftiné
Au Tragique, feroit......

P H I L I N T E.

        Bien-tôt abandonné.
C'eft trop faire valoir vos foibles Tragédies,
Qu'on dévroit apeller du nom de rapfodies.
Ces Piéces aujourd'hui reflemblent aux Romans,
Toujours les mêmes nœuds, les mêmes dénoûmens;
Des fonges, des fureurs, des combats, des vengeances,
Des Oracles enfin & des reconnoiffances.
Thèmes en deux façons, ouvrage d'Ecolier.
Dont on eft rebattu, qui ne peut qu'ennuyer.

A R B A T E.

Allez gâter Renard & retourner Moliére.

L E   C O M E D I E N.

Vous donnez au Foyer la Comédie entiére.
Et la foule, Meffieurs, s'augmente autour de vous.

A R B A T E *à Philinte, en s'en allant.*

Allez, vous n'êtes pas digne de mon courroux!

P H I L I N T E.

Il eft de fon talent fottement idolâtre,

L E   C O M E D I E N.

Venez, Meffieurs, venez jouer en plein Théâtre,
Vous êtes bons Acteurs, on vous admirera,
Et d'aplaudiffemens ce lieu retentira.

P H I L I N T E.

Allons bâiller, allons, car la Piéce eft nouvelle.

L E   C O M E D I E N.

Permettez que l'Auteur au Public en apelle.
C'eft dommage, après tout, qu'ils prennent le travers,
Ce font deux foux d'efprit qui font fort bien des Vers.

Fin du Prologue.

L'IMPATIENT,

C O M E D I E.

ACTEURS DE LA COMEDIE.

CLITANDRE, Amant de Lucile.

LUCILE.

GE'RON, Pere de Lucile.

DAMIS, Rival de Clitandre.

ARGANTE, Pere de Clitandre.

DORINE, Suivante de Lucile.

LE'PINE, Valet de Clitandre.

Un Maître CLERC,

LE TAILLEUR.

UN NOTAIRE, muet.

LA FLEUR, Laquais de Damis.

La Scène est à Rouen, chez Géron.

L'IMPATIENT,
COMEDIE.

ACTE PREMIER.

SCENE PREMIERE.

LUCILE, DORINE.

DORINE.

CLITANDRE a du mérite, il est aimé de
    vous,
Mais je me garderois d'en faire mon époux.

LUCILE.

D'où vient?

DORINE.

Il est Breton, & pétri de salpêtre;
De son impatience il n'est jamais le maître.

LUCILE.

Il joint la politesse à cet emportement,
Et ses vivacités le rendent plus charmant.

DORINE.

Mais ces vivacités qui sont par vous chéries,
Madame, bien souvent deviennent brusqueries.

Un amant de l'humeur dont il fçait fe montrer,
Peut en mari brutal fort bien dégénérer.
Comme j'ai maintenant l'honneur de le connoître,
Mon cœur ne craint rien tant que de l'avoir pour
    Maître ;
Et l'air dont je l'ai vû tourmenter fes valets,
M'a fait perdre le goût de le fervir jamais.
                LUCILE.
Toujours depuis un tems ta langue le déchire.
                DORINE.
Notre intérêt commun m'oblige à contredire,
Je voudrois un efprit plus doux, plus arrêté.
                LUCILE.
Je ne l'aimerois pas s'il n'étoit emporté.
Je ne fçaurois fouffrir ces amans flegmatiques,
Qui dans leur tiéde amour font toujours méthodiques
Qui fe plaignent par art ; & froids dans leurs ardeurs,
Viennent vous affadir de banales douceurs ;
De ces faux foupirans je hais le formulaire,
Et tout leur verbiage a droit de me déplaire.
Un homme bien épris perfuade autrement.
Le plus foible tranfport, le moindre fentiment
Que la nature envoye, ou que l'amour infpire,
Surpaffe de beaucoup tout ce que l'art fait dire.
                DORINE.
Trop de feu vous féduit, Madame, entendons-nous ;
Vous parlez d'un amant, je parle d'un époux.
Et Clitandre...
                LUCILE.
        Fort bien, fi mon amour t'écoute,
Il va fe déclarer pour Valére, fans doute,
Je le rapellerai.
                DORINE.
        Bon Dieu ! Que votre efprit...
                LUCILE.
Tais-toi, fa feule idée allume mon dépit.
                DORINE.
Vous êtes...

LUCILE.

C'eft un fa amoureux de lui-même ;
Plein d'un orgueil choquant , d'un amour - propre
  extrême.
Qui femble à tous propos fe faire compliment ,
Et qui pour bel efprit fe donne effrontément.

DORINE.

Mais...

LUCILE.

Dès qu'il vous a fait trois ou quatre vifites,
De fon mérite étroit vous touchez les limites.

DORINE.

La langue d'une fille eft habile à trotter ,
Quand elle prend l'effor, on ne peut l'arrêter.

LUCILE.

Tu voudrois...

DORINE.

Un moment , fi vous pouviez vous taire ;
Que je parle à mon tour , ce n'eft pas pour Valére.
Comme vous je le trouve indigne également ,
De fe voir votre époux & d'être votre amant.
Reprenez vos efprits , c'eft un parti plus fage.
Un homme fait & mûr que les bouillons de l'âge ...
Vous détournez la tête & froncez le fourcil ,
D'un choix fi délicat connoiffez le péril.
Croyez-en mes confeils , je fuis Parifienne ,
Connoiffeufe en un mot ; de plus , votre ancienne.
On élit un amant par inc'ination ;
D'un époux au contraire, on fait choix par raifon ,
L'un eft pour l'agréable , & l'autre pour l'utile.

LUCILE *remuant la tête.*

Non, non.

DORINE.

Vous tairez-vous ? Quelle fille indocile !
L'amant doit être vif , jeune, aimable, galant ;
L'époux fe anaire, imbécile , opulent.
Le premier empreffé , le dernier doux , commode,
Doit des maris de Cœur pratiquer la méthode.

On peut chérir l'amant & répondre à ses feux ;
Mais il faut que l'époux soit lui seul amoureux,
Pour pouvoir profiter de toute sa tendresse,
Et jouir du bonheur d'être femme & maîtresse.
Or de-là je conclus qu'il faut pour votre bien,
Prendre un mari barbon, & né Parisien.
Paris est le séjour des femmes bienheureuses,
Elles vivent sans soin, doucement, paresseuses,
Et goûtent le repos voluptueusement ;
Le jour ne luit que tard dans leur apartement :
Souvent le soir arrive & les surprend couchées ;
Et des bras du sommeil à la fin arrachées,
Elles passent la nuit dans le sein des plaisirs,
Qui s'empressent en foule à servir leurs desirs.
Aujourd'hui, l'Opéra ; demain, la Comédie,
Au Jeu le Bal succéde. O l'agréable vie !
On peut en liberté choisir plus d'un amant,
Et voir, quelle douceur ! son mari rarement.
Selon les lieux on porte ou l'on donne des chaînes,
Esclaves en Province, à Paris Souveraines.
A ce dernier état laissez-vous apeller ;
Pour vous d'un feu secret Damis se sent brûler.

LUCILE.

Ce vieux fou qui s'habille en jeune Mousquetaire,
Petit maître barbon ?

DORINE.

Ce n'est que pour vous plaire.

LUCILE.

Il a sçu te payer pour en dire du bien.

DORINE.

Vous me faites affront, je suis fille de bien :
C'est moins mon intérêt, Madame, que le vôtre.

LUCILE.

Mais il s'est obligé d'en épouser une autre.
Il a fait un dédit des trois quarts de son bien ;
Un tel engagement est un puissant lien.

DORINE.

Sa prétendue est morte, il l'assure lui-même.

LUCILE.

En vain à le servir ton ardeur est extrême,
Ma main suivra toujours le penchant de mon cœur ;
Il suffit que mon pere aprouve mon ardeur.
Ami depuis long-tems de celui de Clitandre,
Il regarde son fils déja comme son gendre.
Dans sa propre maison voulant qu'il soit logé,
Il paroît à ce choix s'être presqu'engagé.

DORINE.

Le plus ou moins de bien tournera votre pere.

LUCILE.

Clitandre attend un bien qui n'est pas ordinaire.
Par raison, par amour il doit plaire à mes yeux.
Il est né Gentilhomme.

DORINE.

    Un exmarchand vaut mieux.

LUCILE.

Il est jeune, bien fait.

DORINE.

    Sa taille n'est pas grande,
Il n'a pas certain air de santé qu'on demande :
Et pour moi, si par goût je prenois un mari,
Madame, je voudrois un gros brun, bien nourri.

LUCILE.

Sçais-tu bien qu'à la fin tu deviens fatigante ?

DORINE.

Quoi, vous êtes aussi d'humeur impatiente ?

LUCILE.

Ce n'est pas sans raison, tout m'ennuye aujourd'hui.

DORINE.

Clitandre vous occupe, & cause cet ennui.
Et vous laisse en partant sa vive impatience.

LUCILE.

A regret, il est vrai, je souffre son absence.

DORINE.

Votre cœur prend la chose un peu trop vivement.
C'est depuis ce matin que Clitandre est absent.
Dieppe est le rendez-vous que lui prescrit Léandre ;

Ancien débiteur d'un argent qu'il veut rendre.
Clitandre a pris la poste avant le point du jour :
Consolez-vous, demain il sera de retour ;
Et du tempéramment dont le Ciel l'a fait naître,
Aujourd'hui, dans une heure il reviendra peut-être.

LUCILE.

Plût à Dieu ! Ce discours semble adoucir mes soins :
Parles toujours de même & tu m'ennuiras moins.

DORINE.

L'effet à mes discours peut n'être pas contraire.
S'il alloit sur ses pas revenir sans rien faire ?
Ebaucher une affaire est son fort, la finir
Demande trop de tems, il n'a pas le loisir.
L'incident après tout est dans la vraisemblance,
Il vous aime, il ne faut qu'un trait d'impatience.

LUCILE.

Ce qu'il m'a dit cent fois, maintenant je le sens ;
Le suplice d'attendre est l'enfer des amans.
On vient, rentrons, je crains les visites cruelles.

DORINE.

C'est Lépine. Arrêtez, en voici des nouvelles.

SCENE II.

LUCILE, LEPINE, DORINE.

LEPINE *botté.*

Ouf.

LUCILE.

Qu'est-ce donc ?

DORINE.

Qu'as-tu ?

LEPINE.

Je suis tout essoufflé.

LUCILE.

Dis-nous...

L E P I N E.
Et de douleur j'ai le cœur si gonflé...
L U C I L E.
Quoi! Qu'est-il arrivé ?
L E P I N E.
Le bon Monsieur Clitandre.
Mon pauvre Maître...
L U C I L E.
Eh bien ?
L E P I N E.
Est obligé d'attendre.
D O R I N E.
Il attend ? Oh ! pour lui l'état est violent.
L E P I N E.
Si vous sçaviez combien il souffre en ce moment.
Quelles sont les horreurs dont son ame est saisie ;
Vous en seriez, Madame , à coup sûr attendrie.
L U C I L E.
Explique-toi , finis mon cruel embarras.
D O R I N E.
Répons donc ?
L E P I N E.
Vous sçavez, ou vous ne sçavez pas
Qu'autrefois ce Monsieur , que Léandre l'on nomme ,
Lui fit certain Billet d'une certaine somme ,
Or votre amant , Madame , a besoin maintenant
De ce même billet pour ravoir son argent.
On dit bien vrai que plus il a d'impatience ,
Et plus il se dépêche , moins un homme avance ;
A peine étoit-il jour que mon Maître est venu ,
M'arracher de mon lit , criant comme un perdu ;
Debout ! maraud , debout ! Veux-tu dormir sans cesse ;
Puis nous sommes partis avec tant de vîtesse :
Il étoit si pressé , que dans son cabinet ,
Il n'a pas eu le tems de prendre le billet ,
Et ne s'est qu'en chemin aperçu de la chose.
D O R I N E.
Toujours à des écarts l'impatience expose.

LUCILE.

J'étois à la torture, & respire à present.

DORINE *veut donner une gourmade en*
riant à Lépine qui esquive le coup.

Donnons une gourmade à ce mauvais plaisant.

LUCILE.

Dis, faudra-t'il long-tems suporter son absence ?

LEPINE.

Nous reviendrons plûtôt que votre amour ne pense.

LUCILE.

Et plus tard qu'il ne veut.

LEPINE.

Mais je m'amuse ici,
Et c'est le retarder que m'amuser ainsi.
Adieu. Je cours chercher le billet sur sa table.

LUCILE *le retenant.*

Attens. Fais-moi, Lépine, un aveu véritable.
Clitandre ce matin t'a-t'il parlé de moi ?
Suis-je dans son esprit ?

LEPINE.

Madame, je le croi.
Il vous aime à tel point que la poste est trop lente,
Et ne sçauroit répondre à son ardeur bouillante.
Agité sans relâche, il crie au postillon :
Fouette donc, morbleu, fais sentir l'éperon.
J'arriverai trop tard ; quelle lenteur extrême !
Ah ? Je serai deux jours sans revoir ce que j'aime.
Redouble, allons : de l'air dont il le presse enfin,
Je crains que les chevaux ne crévent en chemin.
Mais excusez, je pars. Chaque instant que je tarde,
Madame, en vous parlant, le perce, le poignarde.
D'ailleurs dans sa douleur me mettant de moitié,
Il pourroit m'accueillir de trente coups de pié.

(*à Dorine.*)

Adieu. Toi, si tu peux, fois-moi toujours fidelle.

DORINE.

Reviens vîte, crois-moi, car mon amour chancelle.

LUCILE *arrêtant Lépine.*

Ecoutes, donnes lui le bonjour de ma part,
Qu'il presse son retour. J'ai depuis son départ,
Ne va pas l'oublier, cent choses à lui dire,
Qui nous touchent tous deux, dont je voudrois l'inf-
    truire.

LEPINE *en s'en allant.*

Suffit. Que les amans ont de peine à finir.

SCENE III.

LUCILE, DORINE.

DORINE.

REpofez-vous fur lui du foin de revenir.

LUCILE.

Je rentre, & mon amour veut être folitaire.

(*Elle fort.*)

SCENE IV.

DORINE *feule.*

JE n'ai plus déformais d'efpérance qu'au pere.
Lucile aime Clitandre, & déja le poifon
A fait trop de progrès fur fa foible raifon.
Amour, fripon d'amour, qu'aifément ta malice
Surprend le tendre cœur d'une beauté novice !
Qui fe laiffe enyvrer de tes fauffes douceurs,
Et que Paris n'a pas guéri de tes erreurs.
J'aime Lépine, moi, mais d'une ardeur moins folle ;
Eft-il long-tems abfent ? eh bien, je m'en confole.
Dorine dans l'humeur n'a pas moins de gayté,
Et d'ort également d'un & d'autre côté.

Revenons cependant: Damis a mon suffrage
Et trois cens mille écus ; il aura l'avantage.
Je sens quelques remords: mais Clitandre aujourd'hui
A tort, & ce bijou me parle contre lui.
Je pourrois bien pourtant en faveur de Lépine,
Pour peu.... mais j'aperçois Damis.

SCENE V.

DAMIS, DORINE.

DAMIS.

Bonjour, Dorine.

DORINE.

Que vous êtes brillant !

DAMIS.

Je suis beau, n'est-ce pas ?

DORINE.

Adorable.

DAMIS.

Je viens avec tous mes apas
Attaquer aujourd'hui la fierté de Lucile.

DORINE.

Elle résistera, l'attaque est inutile.
M'en croirez-vous ? Au pere expliquez votre amour,
Ce soir de la Campagne il sera de retour.

DAMIS.

Dorine, que sçais-tu ? Je la rendrai traitable,
Mon rival est absent, le tems est favorable.
Laisses-moi profiter de ces heureux momens,
Quoiqu'un peu suranné l'on a des agrémens.
Vieux routier en amour j'en connois les finesses,
Et sçais l'art de changer les rigueurs en tendresses,
Pour fléchir la plus fiére on a certain talent.

DORINE.

Le plus jeune eſt , Monſieur, toujours le plus ſçavant ;
Et puiſqu'il faut tout dire , aprenez que Clitandre
De Geron au plûtôt doit être l'heureux gendre :
Et ſçachez que pour voir ſon amour triomphant ,
L'agrément de ſon pere eſt tout ce qu'il attend ;
Que s'il aime Lucile , il eſt fort chéri d'elle ,
Et qu'à toute autre ardeur elle ſera rebelle.
En un mot , ſon eſprit eſt ſi fort prévenu ,
Qu'à lui parler d'amour vous ſeriez mal venu ;
Et de vaincre la fille enfin je déſeſpére ,
Si dans vos intérêts vous ne mettez le pere.

DAMIS.

La choſe eſt preſque faite ; & j'ai ſi bien parlé
Qu'il héſite déja , qu'il eſt fort ébranlé :
Même à ſe déclarer ſi ſon eſprit balance,
C'eſt qu'il doute entre nous de la mort de Conſtance.

DORINE.

Votre or , vos biens accrus par le gain d'un procès,
Pour lui gagner le cœur , ont de puiſſans attraits :
Mais, Monſieur, pardonnez à l'ardeur qui m'emporte,
Peut-on vous demander ſi Conſtance eſt bien morte ?
En êtes-vous bien ſûr ?

DAMIS.

    Je te l'ai déja dit,
Je la laiſſai fort mal, on m'a depuis écrit,
Qu'à mourir dans trois jours elle étoit condamnée ,
Et que les Médecins l'avoient abandonnée.
Je la regretterois, comme j'ai le cœur bon :
Mais depuis mon dédit c'étoit un vrai démon.
Elle parloit toujours pour me faire querelle ;
C'étoit mon gouverneur , & je ſors de tutelle.

DORINE.

Doutez de ſon trépas, Monſieur. Pour vous punir ,
Et par noire malice , elle en peut revenir :
Notre ſexe d'ailleurs tient beaucoup à la vie.

DAMIS.

Un tel diſcours eſt bon pour la plaiſanterie.

Tout me dit le contraire & ton doute est détruit,
De sa mort au plûtôt je dois me voir instruit.
Peut-être en ce moment qu'à mes ordres fidèle,
Un Courier est venu m'en donner la nouvelle.

DORINE.

Allez donc, sans tenter des efforts superflus,
Réprimez vos transports; ne vous occupez plus
Qu'à convaincre Geron que votre main est libre;
C'est le plus sûr moyen d'emporter l'équilibre.
Je vais de mon côté, pour seconder vos vœux,
Tâcher de ramener Lucile où je la veux.

DAMIS.

Dorine, je te crois, & laisse à ton adresse.
Ménager mon bonheur & régler ma tendresse.

Fin du premier Acte.

ACTE II.

SCENE PREMIERE.

CLITANDRE, LEPINE *bottés.*

CLITANDRE.

JE brûle de la voir… Toi, cours chez mon Tailleur,
Qu'il me fasse un habit dans trois heures.

LEPINE.

Monsieur,
Vous voulez m'éprouver & vous prétendez rire.

CLITANDRE.

Comment rire, Faquin ? Fais ce que je desire.

LEPINE.

Mais en si peu de tems !

CLITANDRE.

Dis qu'il mette plûtôt
Trente garçons après, cinquante s'il le faut.

LEPINE.

La chose….

CLITANDRE.

A ta lenteur tout paroît difficile,
Vole, dépêche & crains de m'échauffer la bile.

SCENE II.

CLITANDRE, DORINE.

DORINE.

Quoi déja de retour ? Monsieur, peut-on sçavoir,
D'où vient qu'on a si-tôt l'honneur de vous revoir ?

CLITANDRE.

Ma chaise... Je n'ai pas le tems de te le dire.
Ne me demande rien, c'est à toi de m'instruire.

DORINE.

Mais....

CLITANDRE.

Depuis mon départ, qu'a-t-on dit ? Qu'a-t-on fait ?
N'as-tu pas découvert quelque rival secret ?
Lucile m'attend-t-elle avec impatience !
A-t-elle sans ennui suporté mon absence ?
Geron, dis-moi, Geron n'est-il pas revenu ;
Aucun paquet pour moi ta-t'il été rendu ?
M'écrit-on de Bretagne, & dois-tu me remettre
De la part de mon pere une importante lettre ?
Réponds ? je souffre trop à rester incertain.

DORINE.

Quel torrent !

CLITANDRE.

Rompras-tu ce silence malin !

DORINE.

Vous ne déparlez pas ; le moyen qu'on réponde ?
Et de cent questions vous fatiguez le monde,
Pour vous être un matin éloigné de Rouen,
Comme si vous l'aviez quitté depuis un an.
Je ne puis vous ouïr ni vous parler sans rire,
Et dans vos prompts accès, Monsieur, je vous admire.

CLITANDRE.

Satisfait-on ainsi mon amour empressé ?

DORINE.

Tout eſt au même état où vous l'avez laiſſé.
Vous ſçauriez ſeulement pour unique nouvelle
Que Lucile devient votre image fidelle ;
Qu'elle hérite déja de vos vivacités ,
Qu'elle n'eſt plus la même , & que vous la gâtez.

CLITANDRE.

A Lepine tantôt Lucile a fait entendre ,
Qu'elle avoit ſur mes feux des ſecrets à m'aprendre.
Je connois ton humeur & je vois tes détours ;
Tu veux m'inquiéter par tous ces vains diſcours :
Mais ceſſe d'employer une feinte inutile,
Quand je vais de ce pas ſçavoir tout de Lucile.

DORINE.

Vous ne ſçauriez , Monſieur , la voir préſentement,
Elle eſt en compagnie. Attendez un moment.

CLITANDRE.

Que j'attende un moment !

DORINE.

                    Elle eſt avec des femmes.
Entrerez-vous crotté , botté devant des Dames.
Vous n'oſeriez.

CLITANDRE.
            L'amour eſt au-deſſus de tout.

DORINE.

Oh ! vous n'entrerez pas.

CLITANDRE.
                    Tu me pouſſes à bout.

DORINE.
Allez au moins quitter vos bottes.

CLITANDRE.
                        Tu m'irrites.
                (par réflexion.)
Maudits ſoient les égards & les ſottes viſites !
Du Roi pour quelque tems ſi j'avois le crédit,
J'en défendrois, morbleu, l'uſage par Edit.
Un ſot les inventa pour le tourment du monde.

DORINE.

Oh! Monsieur, à la fin il faut que je vous gronde.
Depuis le tems qu'ici vous disputez,
Vous auriez déja fait ; vous seriez débotté.

CLITANDRE *sortant avec peine.*

J'enrage ! Elle a raison, il faut bien m'y résoudre.

SCENE III.

DORINE *seule.*

DAns son tempéramment il entre de la poudre.
Comme je le connois facile à s'emporter,
Je mets tout mon plaisir à l'impatienter ;
Je me plais à jouir de son inquiétude ,
Et m'en fais tous les jours une douce habitude :
Mais j'aperçois Lucile. Un retour aussi prompt
Va dissiper l'ennui qui paroît sur son front.

SCENE IV.

LUCILE, DORINE.

LUCILE.

LE fâcheux entretien ! l'ennuyeuse visite !
On rencontre toujours tout ce que l'on évite.

DORINE.

Je vous l'avois bien dit que Clitandre en ce jour ,
Reviendroit sur ses pas.

LUCILE.

Clitandre est de retour !
Mon plaisir est troublé d'une frayeur secrette ;
Je crains quelqu'accident. Ce doute m'inquiette.

DORINE

DORINE.

Raſſurez-vous, il eſt en fort bonne ſanté ;
Et vouloit tout-à-l'heure entrer chez vous botté,
Sans reſpecter le tems, le lieu, la compagnie.
Pour ôter de ſon ame une ſi folle envie,
Il m'a fallu long-tems contre lui diſputer,
J'ai tant fait qu'à la fin il eſt allé quitter
Ses bottes ſeulement, ce n'eſt pas peu de choſe.

LUCILE.

D'un ſi bruſque retour t'a-t'il apris la cauſe ?

DORINE.

J'ai voulu le ſçavoir ſi-tôt que je l'ai vû.
Ne me demande rien, a-t'il interrompu.
De mille queſtions enſuite il m'aſſaſſine,
Comme un homme nouveau qui revient de la Chine.
Dorine, réponds-moi, qu'a-t-on dit ? qu'a-t-on fait ?
Lucile m'attend – elle ? Ai-je un rival ſecret ?
L'original paroît, il jouera mieux lui-même.

LUCILE.

Ah ! mon cœur eſt ému !

DORINE.

Quelle foibleſſe extrême !
(*Elle ſort.*)

SCENE V.

CLITANDRE, LUCILE.

CLITANDRE *apercevant Lucile.*

SI trop plein de ma flâme en des inſtans ſi doux,
Dans ce dérangement je parois devant vous ;
Pardonnés aux tranſports de mon ame éperdue,
Depuis hier au ſoir je ne vous ai point vûe.

LUCILE.

L'arrangement, Clitandre, un vain extérieur
Frapent une coquette ; & moi je vais au cœur :

Je veux des fentimens, une tendreffe pure,
Et préfére un tranfport à toute la parure.
CLITANDRE.
Par un difcours fi tendre & des mots fi flâteurs,
Qu'il m'eft doux de vous voir excufer mes ardeurs!
LUCILE.
Malgré tout le plaifir de revoir ce que j'aime,
Ce retour m'inquiette ; & dans ce moment même,
Je cherche quel fujet a pû vous ramener.
CLITANDRE.
Avez-vous tant de peine à vous l'imaginer ?
C'eft mon ardent amour, l'abfence qui me tue.
A deux poftes d'ici ma Chaife s'eft rompue ;
Et preffé du defir de revoir vos apas,
Je maudiffois le fort qui retardoit mes pas :
Lorfque je vois venir pour me tirer de peine,
Un Poftillon fuivi d'un cheval qu'il raméne.
Je l'arrête, & j'aprends qu'il revient en ces lieux :
Rapellé par l'amour, entraîné par mes feux ;
Et las de m'être vû fi long-tems en attente,
J'embraffe avidement l'occafion prefente.
A l'étrier à peine avois-je mis le pié,
Qu'aportant le billet que j'avois oublié,
Lépine s'offre à moi, me fait d'abord entendre
Que votre amour avoit des fecrets à m'aprendre.
A ce preffant difcours qui me fert d'aiguillon,
Je répons auffi-tôt de trois coups d'éperon ;
Et fentant redoubler ma vive impatience,
Pour en être informé, j'arrive en diligence.
LUCILE.
Que cette ardeur fi prompte & cet empreffement
Augmentent la douceur de revoir mon Amant !
Mon plaifir feroit pur fans un point qui l'altére,
Pour croire votre amour vous manquez votre affaire.
CLITANDRE.
Mon affaire n'eft rien, je la ferai toujours.
Mes premiers intérêts font ceux de nos amours.
Je facrifirois tout à ma jufte tendreffe.

Et ma plus grande affaire est de voir ma Maîtresse :
Mais daignés contenter mes desirs inquiets
Qu'avez-vous à me dire ? & quels sont vos secrets ?
                    L U C I L E.
Ce matin loin de vous, je l'avouerai, Clitandre,
Mon cœur chargé d'ennui cherchoit à se répandre.
De cent secrets confus je voulois vous parler ;
A Lépine en un mot je n'ai pû le celer.
Je vous vois maintenant, j'ai ce que je desire ;
Je ne sçai que sentir, & n'ai plus rien à dire.
                    C L I T A N D R E.
Un silence pareil passe tout entretien,
Et vous me dites tout en ne me disant rien.
Le plaisir m'interdit & semble me confondre ;
Je sens trop à mon tour pour pouvoir vous répondre.
Faut-il que le destin jaloux de mes plaisirs,
Retarde notre hymen, traverse mes desirs !
Envain en ma faveur votre bouche prononce ;
Si j'écris à mon pere il ne fait point réponse.
Si je presse le vôtre à faire mon bonheur,
Il balance, il hésite, & sa lente froideur
Irrite ma tendresse, à tout moment me gêne,
Quand son avare humeur redouble encore ma peine !
J'ai pour comble d'ennui l'embarras d'un procès ;
La crainte d'un Rival trouble mon espérance.
Toujours nouveaux sujets de soin, d'impatience.
Un valet, & Manceau, le coquin le plus lent,
Qui s'amuse toujours, & d'un pas négligent. ...
Un si vain entretien peut-être vous ennuye,
Quel détail ! pardonnés si je vous le confie ;
Mais à l'objet qu'on aime on ne peut rien cacher ;
Et mon cœur n'a que vous devant qui s'épancher.
Tout me trahit d'ailleurs, tout conspire à me nuire,
Vous seule me restés & pouvés me suffire.
                    L U C I L E.
Votre discours m'offense, & pourtant il me plaît.
Eh ! qui doit mieux que moi chérir votre intérêt ?
De vos moindres chagrins mon ame est pénétrée.
                              D 2

Mais votre impatience est un peu trop outrée.
Tout flâte ici vos vœux, vous vous plaignez à tort ;
Un Procès vous améne à Rouen, où d'abord
Sans peine vous trouvez le secret de me plaire.
Nos parens sont amis, vous logez chez mon pere.
Il permet que vos feux s'expliquent hautement,
Et le vôtre vous doit écrire incessamment.

CLITANDRE.

Le soin d'être au plûtôt possesseur de vos charmes
Est trop intéressant pour être sans allarmes.
Je crains à tout moment quelqu'obstacle fâcheux,
Si le Ciel m'oposoit un Rival plus heureux.

LUCILE.

A propos de Rival ; je voulois vous aprendre....
On ouvre. Chez Cloris j'ai promis de me rendre.

CLITANDRE.

Toujours interrompu !

LUCILE.

　　　　　Vous pouriez y venir.
Là nous aurons le tems de nous entretenir.
On vient. N'oubliés pas qu'il faut gagner Dorine.
　　　　　　　(Elle sort.)

SCENE VI.

CLITANDRE seul.

CE discours commencé m'allarme, m'assassiné.
　　Que veut-elle me dire, à propos d'un Rival ?
Ce nom seul dans mon cœur jette un trouble fatal,
Courons nous éclaircir avant qu'on nous arrête.

SCENE VII.

CLITANDRE, LEPINE, UN MAITRE-CLERC.

LEPINE en se gratant la tête.

Monsieur.

CLITANDRE *lui donnant un soufflet.*

Parle, maraud, sans te grater la tête.

LEPINE.

Je ne sçai plus comment vous aborder, Monsieur.
Au Diable soit le Clerc de votre Procureur.

LE MAITRE-CLERC.

Maître-Clerc, s'il vous plaît.

LEPINE.

Maître ou non, peu m'importe.

CLITANDRE.

C'est mal prendre son tems.

LEPINE.

Oui, regagnés la porte,
Vous nous importunés.

CLITANDRE.

Monsieur, je vais sortir.

LE MAITRE-CLERC.

Maître Plumeau m'envoye, & c'est pour vous servir.
J'ai même de sa part un papier à vous rendre.

CLITANDRE.

(à part.)   (haut.)
J'aurois donc un Rival…. Donnés, c'est trop attendre,

LE MAITRE-CLERC.

Je vais vous le livrer, & je viens tout exprès.

CLITANDRE.

J'aimerois mieux sortir, & perdre mon Procès.

LE MAISTRE-CLERC.

Avec mesure & poids il faut qu'on examine :
Voyons & revoyons.

CLITANDRE.

Que le Ciel t'extermine !

LE MAITRE-CLERC *visitant deux sacs de papiers.*
Procédons lentement, ne nous emportons pas ;
Je gage qu'il sera dans l'un de ces deux sacs.

LEPINE *à Clitandre.*

Le Ciel, pour exercer toute votre colére,
Vous offre de pester, une juste matiére ;
Ou plûtôt vous punit d'éclater sans raison.

CLITANDRE.

Faquin !

LE MAITRE-CLERC.

En attendant prenés-moi ce sac.

L'EPINE *à part.*

Bon.

LE MAITRE-CLERC.

Amusez-vous, Monsieur.

CLITANDRE.

Hom ! je créve.

LEPINE *bas au Maître Clerc.*

Courage.
Monsieur le Maître-Clerc fait bien son personnage.

CLITANDRE.

Ce sang froid !...

LE MAITRE-CLERC.

Je le tiens, ce n'est pas lui, je crois.

CLITANDRE.

Ah ! le Traître !

LEPINE *à part.*

Fort bien.

LE MAITRE-CLERC.

On se trompe par fois.

CLITANDRE.

Qu'on dise après cela que j'ai l'ame bouillante,
Quel phlegme si glacé, quelle humeur patiente

Ne s'échaufferoit pas contre un tel procédé ?
Ah ! déja trop long-tems je me suis possedé ;
Il me vient dans les doigts une pressante envie.
LE MAISTRE-CLERC.
Où courez-vous, Monsieur ? revenés, je vous prie.
Le voici pour le coup. J'aime vos intérêts.
CLITANDRE *prenant brusquement le papier*
des mains du Clerc.
On est bien malheureux quand on a des procès !
(*Jettant les yeux dessus.*)
Que vois-je ? juste Ciel ! trois pages d'écriture.
LE MAITRE-CLERC.
Oh ! rien n'est superflus. Voyez, je vous conjure.
CLITANDRE.
Je n'ai pas le loisir, je le lirai tantôt.
LE MAITRE-CLERC.
Mais. . . .
CLITANDRE *à Lépine.*
De cet importun délivres-moi, maraud !
LE MAITRE-CLERC.
Lisez, Monsieur, la chose est nécessaire.
CLITANDRE.
Ventrebleu !
LEPINE *obligeant le Maître-Clerc de sortir.*
Sortez.
LE MAITRE-CLERC *en sortant*
Soit. Il perdra son affaire.
CLITANDRE.
Va voir si mon Tailleur.... mais il vient le premier.
(*Lépine rentre.*)

SCENE VI.

CLITANDRE, LE TAILLEUR, LEPINE.

CLITANDRE.

VOus êtes un brave homme, & j'allois envoyer.
Je fuis content de vous dans cette conjon_cture.
Entrons.

LE TAILLEUR.

Excufés – moi, je crains que la doublure
Ne vous convienne pas. Pour être fûr du fait....

CLITANDRE.

Le fcrupule eft plaifant, quand mon habit eft fait.
Vite, car on m'attend.

LE TAILLEUR.

Monfieur, ce qui m'oblige...

CLITANDRE.

Que je m'habille, allons, je fuis preffé, vous dis-je.

LE TAILLEUR.

Mais, Monfieur, pardonnés. ...

CLITANDRE.

Je ne pardonne pas
Un bavart qui m'affomme & qui retient mes pas.

LE TAILLEUR.

Vous ne m'entendés point.

CLITANDRE.

C'eft trop de verbiage:
Mon habit eft tout prêt, en faut-il davantage?

LE TAILLEUR.

Comment feroit-il prêt? je viens de le lever.
Vous ne me donnés pas le loifir d'achever.

CLITANDRE.

Mon habit n'eft pas prêt? Eh! que viens-tu donc faire

LE TAILLEUR.
Vous montrer la doublure.
CLITANDRE.
A ces mots ma colére. . . .
LE TAILLEUR.
Un tel emportement me paroît singulier.
Vous arrivez, Monsieur, vous venez d'envoyer,
Et voulés qu'un habit soit fait en moins d'une heure ?
CLITANDRE.
Il s'en est passé trois, depuis qu'en ta demeure. . . .
LE TAILLEUR.
Ah ! Monsieur !
CLITANDRE.
Ah ! Monsieur ! Ne t'avoit-on pas dit
De mettre vingt garçons pour me faire un habit.
En trois heures de tems ?
LE TAILLEUR.
Mais d'une ame calmée. . . .
CLITANDRE.
Sors, ou. . . .
LE TAILLEUR *en s'en allant.*
J'aimerois mieux habiller une armée.

SCENE VII.

CLITANDRE, LEPINE.

CLITANDRE.
LEpine ?
LEPINE.
Me voici ; Monsieur, point de courroux.
On vient de me donner une lettre pour vous.
CLITANDRE.
Une lettre pour moi ? J'ai l'ame transportée !
Est-ce mon pere ?

LEPINE.

On l'a tout-à-l'heure aportée.

CLITANDRE.

Répons droit.

LEPINE.

Par votre air vous m'abazourdissez :
Je ne sçais où j'en suis, & plus vous me pressez,
Et plus je m'embarrasse.

CLITANDRE.

Ah ! le sang me bouillone !

LEPINE *lui donnant la lettre.*

La lettre mieux que moi, vous satisfera.

CLITANDRE.

Donne,

Donne, bourreau ! J'ai tort : quand je puis lire & voir,
J'interroge un Valet !

LEPINE.

Que son regard est noir !
Rangeons nous vers la porte.

(*Il sort.*)

CLITANDRE.

Elle vient de mon pere,
Je n'en sçaurois douter ; voilà son caractére.

(*Il lit :*)

J'aprouve votre choix, mon fils, & vous ne sçauriez mieux faire que d'épouser la fille de M. Géron. J'y donne les mains avec plaisir, & je suis charmé que votre inclination se trouve conforme à mes desseins. Remerciés bien mon ami de ma part, & témoignés-lui combien je suis sensible à l'honneur qu'il vous fait de vous accepter pour Gendre.

LEPINE.

Aprochons, il sourit.

CLITANDRE.

Ma joye est à l'excès !

LEPINE.

J'en suis, parbleu, ravi.

CLITANDRE.
Que j'en baife les traits.

LEPINE.
Que je les baife auffi. Votre ardeur eft étrange;
Et c'eft, Monfieur, fans doute une lettre de change.

CLITANDRE.
Je vais changer d'habit, & dans ce jour heureux,
Aprendre mon bonheur à l'objet de mes vœux.
Il faut encor, il faut que Géron y confente ;
Géron à fa campagne eft allé voir Timante.
J'y cours.... Mais quoi, je manque au rendez - vous
        promis,
Et je ne verrai point Lucile chez Cloris....
Envoyons à Géron la lettre de mon pere ;
Ecrivons-lui deux mots, puifqu'il eft néceffaire.
Et toi, qui du paquet doit être le porteur,
Pour avoir plûtôt fait va brider mon coureur ;
Et fonge qu'il faudra revenir dans une heure.

LEPINE.
Il en faut deux, Monfieur, pour aller, ou je meure.

CLITANDRE.
Oui bien à des coquins auffi lambins que toi.
C'eft trop perdre de tems, dépêche, obéïs-moi.

LEPINE.
Mais vous pouvez, Monfieur, m'épargner ce voyage,
Géron doit être ici ce foir, par quelle rage....

CLITANDRE.
La pareffe te tient, & je t'entens, fripon.
Vole fans repliquer, ou gare le bâton.

LEPINE.
Qu'l Maître ! à fatiguer il eft infatigable,
Et dans fa promptitude, il lafferoit le Diable.

Fin du fecond Acte.

D 6

ACTE III.

SCENE PREMIERE.

DORINE *seule.*

QUEL plaifir pour mon cœur ! rions feule un mo-
ment,
Monfieur Frifon enfin tient notre Impatient.
Un Amant tel que lui n'aime pas la toilette ;
Je viens de le quitter, il eft fur la fellette ;
Et les mines qu'il fait , fe voyant arrêté,
M'obligent à fortir pour rire en liberté.
Etre affis un inftant en un état paifible ,
Eft pour Monfieur Clitandre un effort trop pénible ;
On vient.

SCENE II.

DORINE, JASMIN.

DORINE.

C'Eft toi, Jafmin ? A qui donc en veux-tu ?
JASMIN.
J'en voulois à Clitandre, & fuis pour lui venu.
DORINE.
N'eft-ce pas , entre nous , de la part de Lucile ?
JASMIN.
Tu l'as dit : mais j'ai fait un voyage inutile ;
Car notre homme eft parti fans m'avoir écouté,

Et n'étant seulement poudré que d'un côté.
Il sera sot : Cloris pour emplette est sortie,
Et de suivre ses pas a prié son amie.
Puis elle doit, ailleurs, passer l'après-midi,
Et Lucile, de-là, doit revenir ici.
Pour parler à Clitandre à quatre heures précises.
Je venois le lui dire en paroles concises ;
Mais il n'a pas voulu. J'ai rempli mon devoir,
Et ce n'est pas ma faute. Adieu.

DORINE.

Jusqu'au revoir.
Clitandre va pester, j'en suis vraiment fort aise.
Quelqu'un vient. C'est Geron.

SCENE III.

DORINE, GERON.

GERON.

Donne vîte une chaise.
DORINE.
Soyez le bien venu, Monsieur.
GERON.
Etant absent,
Personne ne m'a-t-il aporté de l'argent ?
DORINE.
Non, Monsieur.
GERON.
On a tort. Dis-moi, que fait Lucile ?
DORINE.
Pour rendre une visite elle est allée en Ville.
GERON.
A me donner un Gendre elle doit s'aprêter ;
Je reviens tout exprès, & veux te consulter.
Pour fille de bon sens je t'ai toujours connue.

DORINE.
J'ai quelque peu d'acquit , je suis franche , ingénue.
GERON.
Je demande sur-tout de la discrétion.
DORINE.
C'est ma vertu , Monsieur.
GERON.
Et de l'attention.
L'affaire est sérieuse ; il s'agit de Clitandre ;
Tu sçais que j'ai promis de le prendre pour Gendre.
J'étois avec son pere autrefois fort uni ,
Et voudrois préférer le fils de mon ami ;
Mais par d'autres partis ma fille est demandée.
DORINE.
Au plus riche elle doit, Monsieur , être accordée ;
Du moins c'est mon avis , l'utile vaut le mieux.
GERON.
Voyons, examinons ; il s'en présente deux.
Le premier.... je ne sçai.... c'est un certain Valére.
Je l'ai vû chez Timante , & connois peu son pere :
Ils n'ont pas l'air commode.
DORINE.
Ils sont gueux en effet.
Et Valére est un fat, un petit ferluquet ,
Qui prend des airs si faux au sortir des écoles ,
Que le moins clair-voyant en hausse les épaules.
Qui tient certain langage , & qui parle d'un ton
A révolter l'oreille , à choquer la raison :
Qui, vuide de mérite & plein d'impertinence ,
S'érige insolemment en homme d'importance.
Qui, pilier de Caffé , misérable joueur ,
Sous de minces habits veut trancher du Seigneur ;
Petit-Maître manqué , ridicule pagode ,
D'un sot original , n'en déplaise à la mode ;
Qui , pour l'affliction de mille honnêtes gens,
S'affiche bel esprit en dépit du bon sens ;
Et qui n'a pour tout bien qu'un grand fond d'impu-
    dence ,

De sotte vanité , de frivole espérance.
                    GERON.
Parbleu , mon jugement répond à ce portrait.
Sur l'étiquette hier je l'ai refusé net ;
Et n'ai point balancé contre mon ordinaire.
                    DORINE.
Vous préserve le Ciel de vous voir son beau-pere ?
D'ailleurs , le matiage est un nœud sérieux ,
Qui veut un homme fait , j'ose dire un peu vieux.
                    GERON.
Viens , pour un si bon mot il faut que je t'embrasse.
                    DORINE.
Vous me faites honneur.
                    GERON.
                    Et moi , je te rens grace.
Ecoute , je te veux consulter jusqu'au bout.
Je crois que le dernier sera fort de ton goût.
On le nomme Damis , fort riche , de mon âge ;
Il est vrai cependant qu'il n'en est pas plus sage.
                    DORINE.
Damis ? congédiez les autres au plûtôt ;
Voilà , Monsieur , voilà le Gendre qu'il vous faut.
Je lui donne ma voix.
                    GERON.
                    Il auroit mon suffrage :
Mais enfin j'ai promis , ma parole m'engage.
Et je crains son dédit.
                    DORINE.
                    Ne craignez nullement ,
Sa prétendue est morte , & d'instant en instant
Un Courier doit venir.
                    GERON.
                    Je peserai la chose ,
Et tu m'as fait plaisir. Motus , je sors pour cause.
                    DORINE.
Du côté de Damis il panche sûrement.
Mais on tape du pié , l'on ouvre brusquement ;
C'est Clitandre , oui , lui-même.

SCENE IV.
CLITANDRE, DORINE.

CLITANDRE.

AH! Dorine, j'enrage;
Les obstacles par-tout m'attendent au passage.
Un embarras maudit, qu'exprès dans mon chemin
A conduit, pour me nuire, un démon trop malin,
M'a près d'un gros quart-d'heure arrêté dans la ruë.
Impuissant à percer une telle cohuë,
Et brûlant de me rendre où m'entraînoit l'amour,
Je me suis vû contraint de faire un grand détour :
Et malgré le tourment que mon ame se donne,
Arrivé chez Cloris, je ne trouve personne.
Ah! par ce dernier coup je viens d'être accablé.

DORINE.

Jasmin....

CLITANDRE.

En revenant, il m'a vû, m'a parlé.
J'ai couru vainement & ma peine est perdue ;
Il faut encore attendre, & cet ordre me tue !

DORINE.

Si vous vouliez, Monsieur, vous asséoir un moment.

CLITANDRE.

M'asseoir ?

DORINE *lui présentant un siége.*

Vous seriez-là bien plus commodément.

CLITANDRE *repoussant le siege.*

Je me sens trop émû pour rester si tranquille.

DORINE.

Lisez cet Opera pour calmer votre bile.

CLITANDRE *jettant le livre, puis courant*
à la porte & retournant sur ses pas.

Elle ne revient pas. Veut-elle m'éprouver ?
Si je fçavois encore où la pouvoir trouver.
Depuis que j'ai reçû l'agrément de mon pere ,
Je brûle de la voir , ce foin me défefpére.

DORINE.

Un rien, Monfieur, un rien met votre ame en courroux ;
Le falpêtre allumé n'eft pas plus prompt que vous.

CLITANDRE.

Quelle comparaifon ? quelle injuftice extrême ?
Moi : du falpêtre ; moi , la patience même ;
Moi , qui depuis une heure attens fans murmurer.

DORINE.

Vous peftez maintenant , & vous venez d'entrer.

CLITANDRE.

Sçais-tu fi mon coquin eft de retour , Dorine ?

DORINE.

Non , Monfieur.

CLITANDRE.

Que de coups vont pleuvoir fur Lépine !

DORINE.

Il eft parti trop tard pour être revenu ,
D'ailleurs , confolez-vous , Geron l'a prévenu ,
Et.. .

CLITANDRE.

Je cours lui parler en attendant Lucile.

DORINE.

Il eft forti ; c'eft prendre une peine inutile.

CLITANDRE.

A m'impatienter , tout confpire aujourd'hui ,
Je tremble qu'un rival n'agiffe aupres de lui ;
Et ma frayeur eft jufte , autant qu'elle eft cruelle.
Tient , je n'ai d'aucun don récompenfé ton zèle ;
Que ce prefent t'excite à t'employer pour nous.

DORINE.

Je le prends pour avoir quelque chofe de vous.
Et vous pouvez compter fur ma reconnoiffance.

CLITANDRE.

Tu peux me le prouver par une confidence,

N'ai-je pas un rival ? parle sans rien farder.
DORINE.
C'est un point qui n'est pas facile à décider.
Avant que de répondre à votre ardeur extrême ;
Permettez qu'un moment je me parle à moi-même:
(à part.)
Comparons ce Bijou.
(Elle compare ce Bijou avec celui de Damis.)
CLITANDRE.
Te moques-tu de moi ?
Quelqu'un monte , c'est elle.
(Il court une seconde fois à la porte.)
DORINE *à part.*
Il est plus gros , ma foi,
Et son poids vers Clitandre emporte la balance.
CLITANDRE *revenant plus agité.*
Ah ! personne ne vient, & j'ai trop de constance.
DORINE *à part.*
Servons le Maître enfin pour avoir le Valet.
CLITANDRE.
O Lucile ! (*à Dorine.*) Auras-tu bien-tôt fait ;
DORINE.
Votre façon galante enfin me détermine.
(D'un ton tragique.)
L'Oracle va parler par la voix de Dorine.
CLITANDRE.
Cesse de plaisanter.
DORINE.
Tremblez pour votre amour ;
Un dangereux rival se déclare en ce jour.
CLITANDRE.
Et qui ?
DORINE.
Damis.
CLITANDRE.
Crois-tu qu'on lui soit favorable ?
DORINE.
Damis est riche , ergò Damis est redoutable.

CLITANDRE.

Ah ! nous verrinos beau jeu, si la chose est ainsi.
A quatre heures pourtant on devoit être ici.
Il en est cinq, je gage.

(*Il tire sa montre.*)

DORINE.

Il est, que je regarde,

Trois heures & trois quarts.

CLITANDRE.

Oh, ma montre retarde.

DORINE.

Au gré de votre ardeur.

CLITANDRE.

De demi heure au moins.

DORINE.

Elle avance plûtôt, je m'en fie à vos soins.

CLITANDRE.

Je ne puis plus rester dans ces transes cruelles.
Adieu, je sors & vais en sçavoir des nouvelles.

SCENE V.

DORINE *seule.*

Quand elle doit venir il sort précisément,
Et retarde ses vœux par trop d'empressement.
N'importe, tout m'invite à servir sa tendresse,
L'intérêt, la raison, Lépine, ma Maîtresse.
A Geron par malheur j'ai parlé contre lui,
Je prétens réparer cette faute aujourd'hui,
Et veux agir si bien.... mais j'aperçois Lucile.

SCENE VI.

LUCILE, DORINE.

DORINE.

Vous revenez, Madame, un peu tard de la Ville.

LUCILE.

Comment donc ?

DORINE.

Votre Amant s'est impatienté ,
Et sort tout maintenant.

LUCILE.

Dis-tu la vérité ?

DORINE.

Il n'est rien de plus vrai.

LUCILE.

Mais tantôt vers Clitandre ;
J'ai dépêché Jasmin , pour lui dire d'attendre.

DORINE.

Oui ; mais d'impatience un accès violent,
L'a pris & l'a contraint de sortir sur le champ.

LUCILE.

Il n'en voudra du mal. Ah ! que j'en suis fâchée !
De revenir pourtant je me suis dépêchée.

DORINE.

On ouvre , le voici .... J'ai tort , c'est son Rival.

LUCILE.

Ah, je joue aujourd'hui d'un amour sans égal.
Viens , rentrons.

SCENE VII.

DAMIS, LUCILE, DORINE.

DAMIS.

ARrêtez, ne prenez point la fuite;
Madame, c'est à vous à qui je rens visite.
Je serai bien-tôt libre, il n'est rien de plus sûr.
Et vous voyez en moi votre mari futur.
J'ai déja, peu s'en faut, la voix de votre pere,
Et ne suis pas si vieux que je ne puisse plaire.

LUCILE.

Excusez-moi, Monsieur, malgré tous vos apas,
Je vous parle un peu franc, vous ne me plaisez pas.

DAMIS.

Si l'aveu n'est pas doux, il est du moins sincére,
Dorine, ton secours n.'est ici nécessaire :
Seconde mes vœux, parle & pathétiquement.

DORINE toussant.

Un mal de gorge affreux me tient en ce moment.

DAMIS.

Fais un effort sur toi, Dorine.

DORINE à Lucile.

Quoi, Madame;
Pouvez-vous vous montrer si contraire à sa flàme?
Monsieur joint la badine à son ajustement,
Et des mouches encore, pour surcroît d'agrément.

DAMIS.

Pour finir en deux mots mon éloge modeste,
J'ai trois cens mille écus, sans compter tout le reste,
En bel or & de poids. A ces puissans apas
Quelle belle aujourd'hui ne me tendroit les bras.
Je tiens encore du Ciel certaine bonté d'ame,
Qui me rendra toujours l'esclave de ma femme.

Je n'eus jamais le cœur d'être Maître chez moi,
Conftance étoit fort laide & m'impofoit la loi.
Que fera-ce de vous , ma belle Souveraine !
L'autre étoit mon Tyran , & vous ferez ma Reine.
Vous me verrez toujours foumis à vos beaux yeux ,
Et j'aurai pour devife à l'Epoux gracieux.
DORINE.
Vous ne vous rendez pas à ce tendre langage ?
LUCILE.
J'aimerois fort Monfieur , s'il étoit de mon âge.
DAMIS.
Je fuis encor de mife & n'ai pas fait mon tems ,
Je fuis plus vert, morbleu, qu'un homme de vingt ans.
La jeuneffe à préfent vieillit avant le terme,
Elle ne jouit pas d'une fanté fi ferme.
Vos Galans ne font pas bâtis pour être Epoux.
LUCILE.
C'en eft trop.
DORINE.
Les plus vieux , ma foi , font les plus foux.
Quelqu'un vient , c'eft Clitandre ; il eft tout hors d'ha-
leine.

SCENE VIII.

CLITANDRE , DAMIS , LUCILE , DORINE.

CLITANDRE.
Je ne la trouve pas & ma recherche eft vaine.
LUCILE *à part.*
Le cœur me bat.
DAMIS.
Quel trouble agit fes efprits ?
CLITANDRE *apercevant Lucile.*
Le voilà de retour & qui parle à Damis.

(*à Damis.*)
Depuis quel tems, Monfieur, eft-il forti des Pages !
(*à Lucile.*)
Vous a t-il affuré de fes tendres hommages?

DAMIS.

Je ne vous croyois pas , Monfieur , fi près de nous,
Vous venez à propos & nous parlions de vous.
Je faifois maintenant votre éloge à Madame
Et vous affure ici du meilleur de mon ame....

CLITANDRE.

Je fuis preffé , Monfieur , laiffons les complimens;
Inftruifez-moi d'un point & fans perdre de tems.

DAMIS.

A quel homme ai-je à faire?

CLITANDRE.

            Un bruit court par la Ville.
Que vous ofez prétendre à la main de Lucile.
Dites , feroit-il vrai ? Vous paroffez furpris.
Allons , expliquez-vous , vîte , Monfieur Damis.

DAMIS.

Mais, Monfieur....

CLITANDRE.

            Répondez, la chofe m'intereffe.

DAMIS.

Je ne fçaurois parler fi-tôt que l'on me preffe.

CLITANDRE.

Parbleu vous parlerez.

DAMIS.

            Eh bien , je vous dirai ...
J'ai perdu la parole & je vous l'écrirai.

                (*Il fort.*)

SCENE IX.

CLITANDRE, LUCILE, DORINE.

CLITANDRE.

IL fait bien de fortir, car ma bile eft émue,

LUCILE.

Il a faifi l'inftant où je fuis revenue.

CLITANDRE.

Il faut en accufer votre feule tiédeur ;
Si votre flâme étoit égale à mon ardeur,
Vous euffiez évité l'importune vifite
De l'indigne Rival dont je crains la pourfuite ;
Et m'épargnant l'horreur d'attendre fi long-tems,
Vous n'euffiez point perdu de précieux momens.

LUCILE.

Mais ce n'eft pas ma faute.

CLITANDRE.

           Oh , point de vaine excufe }
Madame , ce n'eft pas ainfi que l'on m'abufe.

LUCILE.

Mais vous ne fçavez point....

CLITANDRE.

           Eh , je le fçai trop bien ;

DORINE.

Comment le fçauriez-vous , quand vous n'écoutez rien?

CLITANDRE.

Je n'écoutes que trop. Quoi , l'on me fait attendre ;
Au logis au plûtôt on promet de fe rendre,
Et l'on revient fi tard. Cruelle , à mon amour,
Parlez , pouviez-vous faire un plus fenfible tour ?
Ce difcours , je le vois , ne fait que vous confondre.

DORINE.

Vous ne me donnez pas le tems de vous répondre,
Au premier mot qu'on dit , d'abord vous prenez feu,

Et vous êtes si prompt.
CLITANDRE.
Et vous l'êtes si peu
Que ma vive tendresse en est inquiétée :
Oui, de votre lenteur mon ame est irritée.
Quand mon cœur amoureux rapellé par l'espoir,
Vient se rassasier du plaisir de vous voir ;
Quand de vous posséder je fais ma seule affaire,
Quand je reçois enfin l'agrément de mon pere,
Vous vous plaisez, ingrate, à me faire souffrir.
Trop prompte à me quitter, trop lente à revenir.
DORINE.
Cloris m'a retenu & malgré moi....
CLITANDRE.
Madame,
Il falloit tout quitter pour répondre à ma flàme,
Peut-être vous panchez du côté de Damis :
Cette froideur glaçante où je lis le mépris,
Ce silence outrageant en font des preuves sûres...;
Ah ! Madame, plûtôt dites-moi des injures.
LUCILE.
Vous en mériteriez, mais j'ignore cet art
Que vous sçavez si bien.
CLITANDRE.
C'est que je suis sans fard.
DORINE.
Sçavez-vous à mon tour que je m'impatiente,
Et que votre colére est très-impertinente,
Puisqu'il faut vous parler, Monsieur, sans vous flâter ;
CLITANDRE.
Sur un cœur si leger j'avois tort de compter.
LUCILE.
Vous me piquez au vif....
CLITANDRE.
Le dépit me transporte
Je ne suis plus mon maître, il vaut mieux que je sorte.
(Il sort.)

SCENE X.

LUCILE, DORINE.

LUCILE.

Dorine, qu'en dis-tu ? quelle vivacité !

DORINE.

Vous ne l'aimeriez pas s'il n'étoit emporté.

LUCILE.

C'est bien le tems de rire

DORINE.

             Excusés-moi , Madame.

LUCILE.

Ce brusque procédé me perce jusqu'à l'ame.

Si j'avois tort encore, je m'en consolerois ,

Mais mon amour soigneux envoye un homme exprès ;

Pour retenir ses pas , pour lui dire d'attendre,

Qu'à quatre heures chez moi j'aurois soin de me ren-

        dre.

J'arrive avant le tems, il se trouve sorti ,

Est-ce ma faute à moi, quand il est averti ?

Devoit-il me punir de son impatience ?

Passer en me voyant à cette violence ?

Ne vouloir pas m'entendre & partir brusquement ?

Je sens à ma bonté succéder ma colére ,

Et je me veux du mal de ce qu'il m'a sçu plaire.

DORINE.

Vous pleurez.

LUCILE.

     De dépit.

DORINE.

           Dans une autre saison ,

Je vous dirois fort bien, Madame , tenés bon.

Mais les momens sont chers , nous avons à détruire.

LUCILE.

Tu ne tiens ce difcours que pour me contredire.

DORINE.

Revenés fur mon compte & fçachez qu'aujourd'hui ;
Clitandre m'a changée & que je fuis pour lui.
Vous devez pardonner une ardeur de jeuneffe
Que redouble pour vous fon extrême tendreffe.
De l'amour de Damis je l'ai d'ailleurs inftruit ;
Il craint avec raifon de fe voir éconduit.

LUCILE.

Tu raffures mon cœur avec un tel langage,
Oui, je m'en doutois bien, Damis lui fait ombrage
Il a dû fe fâcher en le trouvant ici,
Et je te fçai bon gré de l'excufer ainfi.
            (d'un air embarraffé.)
Si ton art l'obligeoit. . . .

DORINE.

            A quoi ? Peut-on l'aprendre ?

LUCILE.

A revenir vers moi ; je confens de l'entendre ,
Dorine.

DORINE.

            Amour ! amour, que ton pouvoir eft grand !
Tu tournes à ton gré les cœurs en un inftant.
Repofez-vous fur moi, je le rendrai traitable.
Un autre point m'occupe & plus confidérable.
Damis libre ce foir peut l'emporter demain ;
J'ai befoin d'un fecond pour rompre fon deffein.

LUCILE.

Mais Clitandre a reçu l'agrément de fon pere.

DORINE.

Cela ne fuffit pas.

LUCILE.

            En toi feule, j'efpére.

DORINE.

Je voudrois que Lépine arrivât maintenant ,
Il n'a de fon pays rien perdu que l'accent ;
Bref il a de l'efprit prefqu'autant que moi-même,

                    E 2

LUCILE.

Fais ce que tu pourras en ce péril extrême,
Et cours...

DORINE.

Je vous entens : bien-tôt à vos genoux,
Vous allez voir Clitandre expier son courroux.

Fin du troisiéme Acte.

ACTE IV.

SCENE PREMIERE.

LEPINE, DORINE.

LEPINE.

LE crime est capital, j'ai tardé près d'une heure :
Je te quitte de peur qu'il ne vienne.

DORINE.

Demeure,
Auprès de ma maîtresse il est presentement,
Et goûte le plasir du raccommodement ;
D'ailleurs, il a besoin de notre ministére.
On est bien-tôt absous quand on est nécessaire.
Clitandre a sur les bras un rival très-puissant :
Mais dis moi le sujet de ton retardement ?
Géron est de retour, l'as-tu vû ?

LEPINE.

Non. Sans doute
Le bon homme en venant a pris une autre route ;
Et moi ne l'ayant pas trouvé chez son ami,
Je reviens & rencontre un Courrier avec qui
Fort long-tems autrefois j'ai couru la campagne,
Et qui s'est illustré sous le nom de Champagne.
Il me crie, alte-là ! du plus loin qu'il me voit.
Je l'aborde, il m'embrasse & me conduit tout droit.
Au premier Cabaret ; & pour finir l'histoire,
A l'heureuse rencontre il m'oblige de boire.

DORINE.

Quel est ce beau Courrier ?

LEPINE.

Oh, c'est un Cadédis,

E 3

Qui prend la qualité d'envoyé vers Damis.
DORINE.
Un courrier qu'on envoye à Damis ?
LEPINE.
Je le pense,
Et vois que ce courrier est de sa connoissance.
DORINE.
Non. Mais sçais-tu, dis-moi, pour quel sujet il vient ?
LEPINE.
Pour aprendre à Damis, autant qu'il m'en souvient,
Que Constance n'est plus.
DORINE.
Sa femme prétendue.
Ah, juste Ciel !
LEPINE.
D'où vient que tu parois émue ?
DORINE.
Ce n'est pas sans raison. Par un destin fatal,
Du maître que tu sers Damis est le rival ;
Et c'est-là le secret que j'avois à t'aprendre.
Géron, Géron enfin, pour le faire son gendre,
Attend par cette mort de le voir dégagé.
Serviteur à Clitandre, il aura son congé.
LEPINE.
Pour le coup ma surprise est égale à la tienne !
Mais, ferme ! Combattons la fortune inhumaine.
Je viens au cabaret de laisser le Gascon ;
Il y doit être encore, il est bon compagnon.
Je suis persuasif ; je vais trouver mon homme,
Le sonder & sçavoir moyennant une somme....
DORINE.
Ecoute auparavant. Grave dans ton esprit....
LEPINE.
Un homme tel que moi rougiroit d'être instruit,
J'ai formé le projet, je sçaurai l'entreprendre,
Et mériter ma grace en couronnant Clitandre.
DORINE.
Agis donc sans tarder, le tems est précieux,

Et ton maître à la fin, peut se rendre en ces lieux.
Il est prompt.

LEPINE.

Je le sçai. Sa phrase favorite,
Est de dire à ses gens : Va, cours & reviens vîte ;
Et qui le sert enfin, valet infortuné,
Dès ce monde, à bon droit, peut se dire damné.

DORINE.

Va, rejoint le Courrier ; il partiroit peut-être.

LEPINE.

J'y vole. Toi remet ce paquet à mon Maître,
Et jusqu'à mon retour commande à ton caquet.

SCENE II.

DORINE *seule.*

A Clitandre sur-tout taisons un tel secret.
Il pourroit tout gâter dans l'ardeur qui le presse ;
J'entends du bruit, il vient suivi de ma Maîtresse.

SCENE III.

CLITANDRE, LUCILE, DORINE.

LUCILE à *Clitandre.*

SOngez une autrefois à réprimer vos sens,
Et craignés d'écouter vos premiers mouvemens.
Mais avez-vous la lettre ?

CLITANDRE.

Ah ! Ce gueux de Lépine !

DORINE.

Sans courroux. Je la tiens.

CLITANDRE.

Donne vîte, Dorine.

(*Il déchire le paquet, & tire la lettre de son pere.*)

Voici, voici de quoi confondre les jaloux.
Un mot de votre pere : & je suis votre époux.
Le mien consent à tout. Vous gardez le silence,
Et m'écoutez, Madame, avec indifférence ?

LUCILE.

Hélas ! Je crains Damis : s'il rompt votre dessein.

CLITANDRE.

S'il avoit cette audace, il mourroit de ma main.

DORINE.

Employons l'artifice & non la violence ;
L'épine est de retour, & j'ai son assistance.

CLITANDRE.

L'infâme !

DORINE.

Calmez-vous, il arrive assez tôt ;
Et nous allons agir, mais agir comme il faut.
Quelqu'un vient.

CLITANDRE.

Quel objet ! Mon Maître-Clerc encore ?
Reverrai-je toujours un fâcheux que j'abhorre.

SCENE IV.

**CLITANDRE, LUCILE, DORINE,
Le MAISTRE-CLERC.**

Le MAITRE-CLERC.

JE reviens malgré moi ; pardon si je déplais,
Mais vous avez, Monsieur, perdu votre procès
Pour n'avoir pas tantôt voulu me croire & lire.
De peur d'être importun, adieu, je me retire.

SCENE V.

CLITANDRE, LUCILE, DORINE,

LUCILE.

Qu'entens-je ?
CLITANDRE.
Contre moi tout se déchaîne enfin,
Ce vieux Clerc est venu m'aporter, ce matin,
Un papier contenant trois pages & demie,
Dans le même moment que vous êtes sortie.
Il m'a tant excédé, qu'effrayé de l'écrit,
Et pressé de me rendre au rendez-vous prescrit,
Je n'ai pû sur le champ en faire la lecture :
C'est ainsi que je perds une affaire très-sûre.
DORINE.
Ma foi, ce nouveau trait orne bien le tableau ;
Et voilà, je l'avoue, un grand coup de pinceau !
LUCILE.
Je suis de ce malheur, moi, la cause innocente,
CLITANDRE.
Ah ! Pour en murmurer la cause est trop charmante.
DORINE.
Puisque que la chose est faite, il faut vous consoler ;
Et vous pourrez, Monsieur, peut-être en rapeller.
CLITANDRE.
Le procès que je perds n'est pas ce qui m'effraye,
(se tournant vers Lucile.)
Et j'aurai tout gagné, pourvû que je vous aye.
DORINE.
Je sçai bien que pour vous cet objet n'est pas grand :
Mais Géron est avare ; un pareil incident
Pourroit le rendre encore à vos vœux plus contraire,
Il faut soigneusement lui cacher cette affaire.

Contre votre rival, fans attendre plus tard ;
Je vais tout mettre en œuvre & fignaler mon art.
Vous, quand Géron viendra, tàchez de vous remettre ;
Poffédez-vous fur-tout, & montrez-lui la lettre.
Sur un fimple difcours, n'ofant croire Damis,
Il pourra vous tenir ce qu'il vous a promis.

LUCILE.

Ta bonne volonté me furprend & m'enchante.

CLITANDRE.

Sers vîtes nos amours & tu feras contente.
Je brûle de fçavoir le fuccès, hâte-toi.

DORINE *en s'en allant.*

Vous l'aprendrez bien-tôt..... Vous m'apellez, je
   croi ?

CLITANDRE.

Tu n'es pas de retour ?

              (*Dorine fort.*)

SCENE VI.

CLITANDRE, LUCILE.

CLITANDRE.

Ce regard me raffure,
Me dit qu'on me pardonne.

LUCILE.

            Il dit vrai, je vous jure,
Adieu, mon pere vient. Parlez-lui promptement.

SCENE VII.

GERON, CLITANDRE.

CLITANDRE.

J'Attens, pour être heureux, votre confentement;
Cette lettre contient l'agrément de mon pere :
Et m'acceptant pour gendre ainfi que je l'efpére...
Quoi! Vous montrez, Monfieur, un vifage interdit?

GERON.

Ce n'eft rien. Pourroit-on fçavoir ce qu'il écrit?

(Il lit :)

J'aprouve votre choix, mon fils, & vous ne fçauriez mieux faire que d'époufer la fille de M. Géron. J'y donne les mains avec plaifir, & je fuis charmé que votre inclination fe trouve conforme à mes deffeins. Remerciez bien mon ami de ma part, & témoignez-lui combien je fuis fenfible à l'honneur qu'il vous fait de vous accepter pour gendre.

(Il tourne le feuillet.)

Cependant ne précipitez rien. Comme je dois partir inceffamment pour avoir moi même l'œil à mon procès, je ferai bien aife de me trouver à la nôce, & de figner le Contrat.

CLITANDRE.

L'ai-je bien entendu? Jufte Dieu!

GERON.

Après tout j'en laiffe Géron le maître.

CLITANDRE à part.

Que je voye.

GERON *continue.*

Et vous ferez ce qu'il jugera à propos.

CLITANDRE.

Je n'avois pas tout lû: tantôt plein de ma joye,

GERON.

Soyez sage, mon fils, & sur-tout modéré.

ARGANTE.

Monsieur Argante écrit dans la droite raison,

       (*à part.*)

Fort bien, je puis remettre.

CLITANDRE *à part.*

          Ah, le maudit Barbon !

GERON.

Il est juste, Monsieur, d'attendre votre pere.

CLITANDRE.

Il vous laisse le maître, il n'est pas nécessaire.
Et sans lui vous pouvez...

GERON.

          Oh ! ce procédé...

CLITANDRE.

              Bon !

Vous vous moquez, Monsieur ; mon pere est sans façon.

GERON.

J'excuse ce transport, la jeunesse est bouillante.

CLITANDRE *à part.*

Et par trop de lenteur la vieillesse assommante.

       (*à Géron.*)

Monsieur.

GERON.

Modérez-vous, il doit venir dans peu.

CLITANDRE.

C'est me faire, Monsieur, mourir à petit feu.
Si vous avez dessein de m'accepter pour gendre,
Eh, de grace ! pourquoi me faire encore attendre ?
Pourquoi ne pas enfin, sans délai ni détour,
Terminer, dès ce soir, plûtôt qu'un autre jour ?

GERON.

Qu'est-ce donc que ceci ? La chose est singuliére ;
Et vous pressez les gens d'une étrange maniére.

CLITANDRE.

Mais il dépend de vous de conclure aujourd'hui.

Dites un mot, Monſieur.

GERON.

Ouais !

CLITANDRE.

Prononcez un oui.

GERON *voulant ſortir.*

Il m'excéde, à la fin, par ſon impatience.

CLITANDRE *l'arrêtant.*

Sortir ſans s'expliquer ! Que faut-il que je penſe ?

GERON *en s'en allant.*

Oh ! vous en penſerez tout ce qu'il vous plaira.

CLITANDRE *à part.*

Morbleu ! ce trait me pique.

GERON.

Euh ! Qu'ai-je entendu-là ?

Il murmure, je crois.

CLITANDRE *ſans voir Géron.*

Que le Diable l'emporte.

GERON *à part.*

Que le Diable m'emporte ! un diſcours de la ſorte
Mérite attention. Ce petit mot d'avis,
Va me déterminer en faveur de Damis.

SCENE VIII.

CLITANDRE *ſeul.*

AH ! Je lis dans ſon cœur. Pour trahir ma ten-
    dreſſe,
Il temporiſe exprès, & retarde ſans ceſſe.
Pour me deſeſpérer, Dorine eſt trop long-tems;
Dorine ne ſent pas tout le prix des inſtans.
Aux obſtacles cruels, je fus toujours en bute ;
Et mon bonheur dépend d'une ſeule minute !
Je vois tout contre moi, les perſonnes, le tems,
Et c'eſt ici ſur tout le lieu des incidens.

Tout marche à pas tardifs en cette affreuſe Ville !
Sans vous qui m'arrêtez, adorable Lucile,
Je fuirois un pays, ſéjour de la lenteur,
Où le monde reſpire un air de peſanteur.
Dorine à la maiſon tarde trop à ſe rendre.
Sa longueur eſt étrange, & je ſuis las d'attendre.
Hom ! l'exécrable porte !

SCENE IX.

CLITANDRE, LUCILE.

LUCILE.

Arrêtez, doucement,
CLITANDRE.
Madame, pardonnez à mon empreſſement.
LUCILE.
Ah ! vous aurez pouſſé trop vivement mon pere ;
Car je l'ai vû ſortir enflammé de colére.
CLITANDRE.
N'accuſez que lui ſeul dans cette occaſion,
Et louez bien plûtôt ma modération.
Le mien l'ayant laiſſé le maître par ſa lettre,
Il ne veut point conclure, & s'obſtine à remettre.
J'inſiſte doucement, croyant qu'il ſe rendra ;
Mais il entre en courroux, puis il me plante-là.
Vit-on jamais, vit-on vivacité plus grande !
Qui de nous eſt plus prompt ? hem, je vous le de-
    mande ?
Ai-je tort à preſent ?
LUCILE.
En pouvez-vous douter ?
Preſſer à contre-tems, n'eſt-ce pas irriter ?
D'ailleurs, je vous connois ; dans votre promptitude
Vous aurez pû lâcher quelque mot un peu rude.

CLITANDRE.

Moi! Non. C'eſt Damis ſeul qui contre moi l'aigrit,
Et nous ſommes perdus ſi Dorine n'agit.
Je ſors pour la chercher, pardon, ſi je vous quitte.

LUCILE.

De tout ce que je vois j'apréhende la ſuite.

SCENE X.

LUCILE, DORINE.

LUCILE.

C'Eſt toi ? Clitandre ſort par un autre côté,
Il te cherche.

DORINE.

Je l'ai tout exprès évité.
J'attends pour lui parler le retour de Lépine.

LUCILE.

Tu ne ſçais pas encore tous nos malheurs, Dorine,
Et mon pere....

DORINE.

Je ſçais, & je l'ai rencontré :
Son feu ſe calmera, rien n'eſt deſeſpéré.
Il faut par conſéquent l'éloigner au plus vîte ;
J'y travaille, & Lépine eſt ſorti pour cela :
Vous ſçaurez le ſuccès ſi-tôt qu'il reviendra.

LUCILE.

Je rentre. Puiſſes-tu détourner cet orage !

SCENE XI.

DORINE ſeule.

CLitandre dans ce jour nous taille de l'ouvrage ;
Pouſſant trop à la roue, il peut tout renverſer,
Et recule la choſe en voulant l'avancer.

Je crains la brusque ardeur d'un esprit de la sorte,
Et par un de ses coups, que mon dessein n'avorte.
Lépine cependant s'amuse au cabaret :
Mais je le vois.

SCENE XII.

LEPINE, DORINE.

DORINE.

TEs pas ont-ils eu quelque effet ?

LEPINE.

J'ai forcé les destins qui nous étoient contraires ;
Morbleu ? c'est en bûvant que se font les affaires.
Trouvant notre Courrier au cabaret voisin...

DORINE.

Eh bien ?

LEPINE.

J'ai bû d'abord quatre grands coups de vin ;
Puis le vin m'inspirant toute son éloquence,
Je luis dis que je viens pour chose d'importance ;
Que s'il veut à Damis taire la vérité,
L'assûrer que Constance est en bonne santé,
Que grace à l'émétique, aidé de la saignée,
Elle vient d'échaper à la fiévre obstinée,
On va payer sa peine à beaux écus comptans.

DORINE.

Il a des coups d'esprit qui surprennent les gens.

LEPINE.

Ne pense pas railler ; car sans autre semonce,
Le sensible Courrier me fait cette réponse :
Je suis accommodant, j'aime à faire plaisir ;
Si la somme est honnête, on peut y consentir.
L'engageant à m'attendre, aussi-tôt je le quitte,
Et promets qu'il aura son argent au plus vîte.

Je viens d'en informer ta maîtreffe en entrant ;
A Clitandre il nous faut l'aprendre maintenant ,
Et toucher au plûtôt la fomme néceffaire.
Pour faire en fa faveur parler notre émiffaire.
Dorine , en ce moment je crains de l'aborder ,
Et je te charge , toi , de la lui demander.

D O R I N E.

Va , je fçais avec lui comment il faut s'y prendre :
Retourne au rendez-vous , j'aurai foin de m'y rendre ;
D'abord l'argent reçû.

L E P I N E.

C'eft lui , j'entens monter ,
(*Il fort.*)

Et gagne cette porte afin de l'éviter.

D O R I N E.

Que vois-je ? C'eft Lucile ! Elle répand des larmes !

S C E N E XIII.

D O R I N E , L U C I L E.

D O R I N E.

Madame , qu'avez - vous ? D'où viennent ces allarmes ?

L U C I L E.

Ah ! Dorine , je tremble , & crains en ce moment,
De la part de Clitandre un coup d'impatient.

D O R I N E.

Encore ?

L U C I L E.

J'ai voulu lui dire par avance ,
L'incident du Courrier & la mort de Conftance ;
Dont Lépine en paffant a fçû me prévenir :
Mais au feul nom de mort , fans me laiffer finir ,
Il fort ; & dans l'accès d'une aveugle colére ,
Il va trouver Damis , & fe faire une affaire.

J'ai fait pour l'arrêter un inutile effort,
Malgré ma réſiſtance, il a pris ſon eſſort,
Hélas ! Il ſe perdra ; la peur glace mon ame.

DORINE.

On auroit peur à moins ; ſur-tout, je crains, Madame,
Qu'en inſultant Damis, il n'aille révéler
Un ſecret qui le perd, & qu'il falloit celer :

LUCILE.

Ah !

DORINE.

　　　Ce qui rend ma crainte & plus juſte & plus grande,
Damis étant inſtruit qu'un courrier le demande,
Va le faire chercher pour ſe voir éclairci,
Et ſçavoir le motif qui le conduit ici.
Si malheureuſement on déterre notre homme
Avant que par mes mains il reçoive une ſomme,
Le ſot qui parlera ſans aucun intérêt,
Avoûra franchement l'affaire comme elle eſt.

LUCILE.

Ah, Ciel !

DORINE.

　　　Un autre choſe encore me chagrine ;
S'il s'ennuyoir d'attendre, & plantoit-là Lépine ;
S'il prévenoit Damis.

LUCILE.

　　　　　Va, cours l'en empêcher.

DORINE.

Je voudrois le pouvoir, votre intérêt m'eſt cher.

LUCILE.

Tente un dernier effort, je te devrai la vie.

DORINE.

Mes pas ſeront perdus ſi ma main n'eſt garnie ;
C'eſt l'unique moyen. ..

LUCILE.

　　　　　Prens vîte ce brillant,
Cours, ma chere Dorine, & trouve de l'argent.

DORINE.

Je ſuis forte à preſent, l'eſpoir rentre en mon ame ;

Dorine va combattre , & triompher , Madame.

LUCILE.

Je m'écarte peut-être , & blesse mon devoir :
Mais on doit excuser l'amour au desespoir.

Fin du quatriéme Acte.

ACTE V.

SCENE PREMIERE.

CLITANDRE, LUCILE.

LUCILE.

QU'avez-vous fait ? Hélas ! Quelle est votre
imprudence ?
Dangereuse colére, aveugle impatience,
Dans quels égaremens, dans quels tristes excès.
Peuvent en un moment conduire tes accès?

CLITANDRE.

Pénétré de douleur & de reconnoissance,
Je rougis à vos pieds de mon extravagance,
Quand d'un esprit trop prompt écoutant la chaleur,
Je cours à mon rival aprendre son bonheur ;
Quand ma fureur détruit l'ouvrage de Lépine,
Quand je travaille enfin moi-même à ma ruine,
Lucile généreuse & tremblante d'effroi,
De ses propres bijoux se dépouille pour moi.
Ah ! c'en est trop ; après ce que je viens de faire,
Oubliez-moi, je suis indigne de vous plaire ;
Accablez-moi du poids de votre inimitié,
Je ne mérite pas de vous faire pitié.

LUCILE.

Non, avec tant d'amour vous n'êtes point coupable.

CLITANDRE.

Je vous perds par ma faute, & suis inexcusable.

LUCILE.

Je vous accuse moins qu'un aveugle penchant.
On n'est pas maître enfin d'un premier mouvement.

CLITANDRE.
Loin de me condamner vous daignez me défendre ?
LUCILE.
Il n'eſt rien que n'efface un repentir ſi tendre.
Mais qui vient d'éclairer votre eſprit prévenu ?
Comment de votre erreur êtes-vous revenu ?
Et quel eſt ce brillant qui me frape la vûe ?
Auriez-vous rencontré Dorine dans la rue ?
CLITANDRE.
Elle vient, mais trop tard, de me tirer d'erreur ;
Heureux, pourtant heureux, après un tel malheur,
Que Dorine ſe ſoit ſur mes pas rencontrée,
Qu'elle ait pû ramener ma raiſon égarée,
Et qu'elle m'ait enfin inſtruit de ſes deſſeins
Avant que ce bijou paſſât en d'autres mains !
A vos premiers bienfaits ajoutez une grace,
Souffrez que je le garde ; agréez qu'il retrace
Par tout à mon eſprit ce trait de votre amour,
Et qu'il m'en entretienne à chaque heure du jour.
Permettez que ma main en ſoit toujours ornée,
Et qu'il ſoit le garant de votre foi donnée.
LUCILE.
Ah ! du peu que j'ai fait c'eſt trop faire de cas.
Sans l'auſtere devoir qui retenoit mes pas,
M'aſſûrant ſur moi ſeule en ce péril extrême,
Vers le Courrier tantôt j'aurois volé moi-même.
CLITANDRE.
D'un honnête-homme en vous je découvre le cœur,
Et toutes les vertus d'un ami plein d'ardeur :
Mais Dorine s'oublie.
LUCILE.
Elle entre, je la vois.

SCENE II.

CLITANDRE , LUCILE, DORINE.

LUCILE.

Que nous annonces-tu ?

CLITANDRE.

Dorine, explique-toi,
Prononce mon Arrêt , dépêche , je te prie,
Un mot va me donner le trépas ou la vie.

DORINE.

Courage , relevez votre esprit abattu.

CLITANDRE.

Eh bien ?

DORINE.

J'ai vû, Monsieur, j'ai parlé , j'ai vaincu.

CLITANDRE.

Instruis-nous en deux mots d'un bonheur qui m'enchante ;
Satisfait au plûtôt mon ame impatiente.

LUCILE.

Je brûle de sçavoir....

DORINE.

Quelle vivacité !
Pressée en même-tems d'un & d'autre côté ?

CLITANDRE.

Répons donc ?

DORINE.

Pour calmer votre ardeur empressée
Vous sçaurez qu'en mes mains votre bourse laissée ,
A fait parler notre homme au gré de vos souhaits ,
Et de votre entreprise assûre le succès.
Je fais donc apeller le courrier & Lépine ;
Ce dernier n'attendoit....

CLITANDRE.
Point de détail, Dorine.

DORINE.
A peine à ses regards je fais briller l'argent,
Qu'il se leve, m'aborde, & puis s'en saisissant :
Avec toi, Dieu me damne, & cette bourse ronde,
Pour te plaire, dit-il, j'irois au bout du monde.
Viens, faisons déloger Damis sans perdre tems,
Aussi-bien je ferai plaisir à ses parens.
Nous allons chez Damis. Dans l'ardeur qui l'emporte :
Eh bien, dit-il, eh bien, Constance est enfin morte.
Le courrier lui répond qu'il est fort mal instruit,
Que Constance est envie, & que c'est un faux bruit,
Moi, je prends la parole, & j'aide au stratagéme,
Disant que de ce bruit je suis l'auteur moi-même ;
Que j'ai voulu donner l'allarme à son rival ;
Qu'au reste l'émétique avoit vaincu le mal,
Et sauvé du tombeau Constance abandonnée.
D'un dehors ingénu la fourbe accompagnée,
A séduit à tel point le crédule Damis,
Qu'il reprend aujourd'hui le chemin de Paris.

CLITANDRE.
Mon bonheur est si grand que j'ai peine à le croire !

LUCILE.
Mon cœur de ce bienfait gardera la mémoire.

CLITANDRE.
Pourrai-je m'acquitter quand je tiens tout de toi ?

DORINE.
Vous devez à Lépine encore plus qu'à moi.
Pardonnez-lui, Monsieur.

LUCILE.
C'est moi qui vous en prie ;
Oubliez le passé.

CLITANDRE.
Madame, je l'oublie,
Et cours trouver Geron.

DORINE.
Monsieur, arrêtez-vous :

Attendez que fon pere ait calmé fon courroux!
Dailleurs, fur ce fujet Damis lui doit écrire,
Sa lettre fera plus que ce qu'on pourroit dire;
Nous agirons enfuite.

CLITANDRE.

Eh bien, foit, j'obéis.
Mais on tarde à venir de la part de Damis.

DORINE.

Votre efprit veut trop-tôt, Monfieur, ce qu'il defire·
(à Lucile.)
Madame, cependant j'aurois dû vous inftruire.
Que votre pere attend, & qu'il veut vous parler:
Partez donc, vous allez me faire quereller.

CLITANDRE à *Lucile*.

Preffez par vos difcours un hymen qu'il différe.

LUCILE.

Heureufe fi je puis apaifer fa colére!

SCENE III.

CLITANDRE, DORINE.

DORINE.

DE tout ceci, Monfieur, faites votre profit.
Aux plus honnêtes-gens l'impatience nuit.
Vous n'en fçauriez douter, perdant, fans moi, Lucile.

CLITANDRE.

Le courroux de Geron a lieu de m'allarmer;
Si mon pere arrivoit, il pourroit le calmer.

DORINE.

Quoi! de la même ardeur être toujours la proie?
Je ferai votre paix, livrez-vous à la joie.
Dès demain....

CLITANDRE.

Dès demain! Ah! tu me fais trembler;
Songes-tu bien qu'un jour eft long à s'écouler?

SCENE IV.

CLITANDRE, LEPINE, DORINE.

LEPINE.

Grace, grace, Monfieur, j'ai couru comme
quatre.

CLITANDRE.

Va, coquin, je n'ai pas le loifir de te battre.

LEPINE.

Votre pere, Monfieur, arrive en ce moment ;
Je viens de le conduire en votre apartement.

CLITANDRE.

(*à Lépine.*)

Je te pardonne. Cours, fais venir le Notaire.

(*à Dorine.*)

Toi, tandis que je fors pour embraffer mon pere,
Profite de ce tems pour apaifer Géron,
Et fais fi bien enfin qu'il entende raifon.

DORINE.

Allons. . . mais quelqu'un vient. C'eft Lucile & fon
pere.

SCENE V.

GERON, LUCILE, DORINE.

GERON *à Lucile.*

Il m'a parlé lui-même, & je fçai le contraire ;
Il fera votre époux.

DORINE.

Et moi, je dis que non.

GERON.

Comment ! Tu me parlois tantôt d'un autre ton ?

DORINE.

N'en foyez point furpris, car la mort de Conftance
N'eft qu'un faux bruit, Monfieur, & c'eft moi...

GERON.

L'aparence ?

DORINE.

Damis doit vous écrue, il vous en convaincra :
Comme j'ai devers moi cette affurance-là.
Je parle pour Clitandre.

GERON.

Il n'aura point ma fille,
J'aimerois autant mettre un Diable en ma famille.

LUCILE.

Mon pere. . . .

GERON.

Taifez-vous, & fongés aujourd'hui,
A vaincre tout l'amour que vous avez pour lui.
Une jufte raifon contre lui m'indifpofe ;
Son affaire eft perdue, & lui-même en eft caufe.

DORINE.

Qui vous l'a dit ?

GERON.

Son Clerc.

DORINE.

Quinze ou vingt mille francs,
Sont un petit objet.

GERON.

C'eft beaucoup pour le tems,
Et je crains les effets d'une humeur fi bouillante :
La Scène de tantôt m'eft encore prefente.

DORINE.

Je voudrois à vingt ans vous avoir vû, Monfieur.

GERON.

Il eft vrai que j'étois un démon. Sur le cœur,
J'ai certain mot pourtant.

DORINE.

C'eft une bagatelle.

Il plaît à votre fille, il n'est épris que d'elle;
Point d'autre passion; il n'aime point le jeu;
Et quoiqu'il soit Breton, Monsieur, il boit fort peu.
Tout vous invite à faire un telle alliance.
Clitandre a de l'esprit, du bien, de la naissance;
Il posséde en un mot cent bonnes qualités,
Et n'a d'autres défauts que ses vivacités:
Il est logé chez vous, il a votre promesse,
Son pere est votre ami....

GERON *à part.*

Certain remords me presse.

DORINE.

Et lui-même, Monsieur, en ces mêmes instans
Pour cet hymen arrive.

GERON.

Ah! qu'est-ce que j'entens?

DORINE.

Et pour convaincre enfin votre esprit incrédule,
Le Laquais de Damis vient lever tout scrupule.

SCENE VI.

GERON, LUCILE, DORINE, LA FLEUR.

LA FLEUR.

C'Est Damis qui m'envoye, & je viens de sa part,
Vous rendre cette lettre; il est sur son départ.
Monsieur, pardon, je dois le rejoindre au plus vîte.
(*Il sort.*)

SCENE VII.

GERON, LUCILE, DORINE.

GERON lit la lettre de Damis.

Je vous écris, Monfieur, les larmes aux yeux. Ma femme prétendue n'eft pas morte ; & qui pis eft, elle fe porte bien. Je vous avois tantôt affuré le contraire, mais je ne vous ai trompé que parce que j'étois abufé moi-même par Clitandre à qui Dorine avoit fait accroire la même chofe pour rire à fes dépens. On vient de me tirer d'une erreur fi charmante. Adieu, Monfieur, je pars confus & mortifié de n'avoir pas l'honneur de me voir votre gendre.

DAMIS.

LUCILE.
En termes fort touchans cette lettre eft écrite,

DORINE.
Vous le voyez, Monfieur, vous avois-je menti?

GERON.
Pour le coup je me rends & fuis tout ébaï !

DORINE.
Concluons au plûtôt. Voici Monfieur Argante.

SCENE DERNIERE.

GERON, ARGANTE, CLITANDRE, LUCILE, DORINE, un NOTAIRE.

ARGANTE *à Géron.*

JE vous embraffe enfin, que mon ame eft contente ?

GERON.

Ah ! vous me furprenez bien agréablement.

CLITANDRE.

Me refuferez-vous encore votre agrément ?

GERON.

J'attendois votre pere, & veux ce qu'il fouhaite.

CLITANDRE.

Tous mes vœux font remplis & ma joye eft parfaite,
Monfieur....

GERON.

Remerciés votre pere aujourd'hui,
Car vous aviez befoin, Monfieur, d'un tel apui.
Croyez-moi, modérés vos fougues ordinaires
Où vous rifquez fouvent de gâter vos affaires.

ARGANTE.

Profités de l'avis, mon fils, corrigez-vous.

CLITANDRE *à Géron.*

Daignés vîte, Monfieur, former des nœuds fi doux;
(*à Argante.*)
Mon pere, à mon bonheur, hâtez vous de foufcrire.

ARGANTE.

Je viens pour accomplir ce que ton cœur defire.
Ma foi, je cours encore la pofte galamment.

GERON.

Oh ! vous fûtes toujours d'un bon tempérament.

ARGANTE.

Votre complexion ne doit rien à la nôtre.

CLITANDRE.

Eh ! mon pere.

GERON.

Il est vrai que j'en vaux bien un autre.

CLITANDRE.

Eh ! Monsieur.

GERON.

J'ai l'œil vif & le teint assez frais.

ARGANTE.

Je vous trouve de même à quelques rides près
Et quelques cheveux blancs ; c'est une minucie.

CLITANDRE.

Le Contrat est dressé ; signés donc, je vous prie.

ARGANTE.

Tout-à-l'heure. Depuis l'an mille sept cens six ;
(C'étoit à mon dernier voyage de Paris)
Nous ne nous sommes vûs ni l'un ni l'autre, je pense.

GERON.

Quel plaisir !

ARGANTE.

Quelle joye !

CLITANDRE.

Ah ! je perds patience.

ARGANTE & GERON *s'embrassant*
de nouveau.

De nous revoir tous deux.

CLITANDRE.

Eh ! daignés donc finir ;
Vous aurez tout le tems de vous entretenir.

ARGANTE.

Je reconnois mon fils à cette impatience.

DORINE.

Vous laissez trop aussi son amour en souffrance;

ARGANTE *à Géron.*

Vous souvient-il du jour que nous vîmes saint Cloud ?
Les Cascades joûoient ; je les aime sur-tout.

GERON.

J'eus beaucoup de plaisir, & je me le rapelle.

CLITANDRE.

Je suis perdu ! Tous deux commencent de plus belle.

GERON.

Et ce soir.... là...

ARGANTE.

Ce soir que nous fûmes au Cours ?

GERON.

Oüi.

CLITANDRE *à Dorine.*

Prens pitié de moi, j'implore ton secours.
DORINE *se mettant entre les deux Vieillards.*
Ah ! que les vieilles gens ont de peine à se taire.

ARGANTE.

Et mon Procès ?

GERON.

Il est....

DORINE.

Ne parlons point d'affaire.

Signés: (*Argante & Géron signent.*)

LEPINE.

J'ai mis, Messieurs, à profit les instans,
Et vais vous régaler d'un concert agréable.

CLITANDRE.

Ce sera pour demain.

GERON.

Allons-nous mettre à table.

LEPINE *à Dorine.*

Je m'en vais, si tu veux t'épouser tout-à-fait ;
Car l'exemple du Maître est suivi du Valet,
Sur-tout quand il s'agit de faire une sottise.

F 4

DORINE.

Soit, au plûtôt, de peur que je ne me ravise.

LÉPINE.

Toi fille de Paris, & moi Valet Manceau,
Morbleu! Vit-on jamais affortiment plus beau ?
Il va naître de nous, Madame de Lépine,
Une Poftérité diablement libertine.

FIN.

LE
BABILLARD,

COMEDIE.

ACTEURS.

LEANDRE, Amant de Clarice.

VALERE, parent de Léandre, & son rival.

CLARICE, Veûve.

CEPHISE, Tante de Clarice.

DAPHNE', voisine de Clarice.

HORTENSE, Sœur de Daphné.

ISMENIE, amie de Céphise.

ME'LITE, Babillarde.

DORIS, autre Babillarde.

NERINE, Suivante de Clarice.

LA FLEUR, Laquais.

La Scène est à Paris, chez Clarice.

LE
BABILLARD,

COMEDIE.

SCENE PREMIERE.

CLARICE, NERINE.

CLARICE.

E fors d'avec Léandre ; ah ! quel homme
    ennuyeux !
Je n'en puis plus , je fens un mal de tête
    affreux ;
Il n'a pas déparlé pendant une heure entiére :
Par bonheur, à la fin , je viens de m'en défaire ,
Sous le prétexte heureux d'une commiffion
Dont j'ai fçû le charger.

NERINE.

        Il falloit , fans façon ;
Lui donner fon congé. Si j'avois été crue ,
Vous l'auriez fait, Madame , à la premiére vûe.
Sa langue eft juftement un claquet de moulin,
Qu'on ne peut arrêter fi-tôt qu'elle eft en train ;
Qui babille , babille , & qui d'un flux rapide
Suit indifcrétement la chaleur qui la guide ;

F 6

De Guerre, de Combats, cent fois vous étourdit,
Parle contre lui-même, & souvent se trahit ;
Dit le bien & le mal sans voir la conséquence,
Et de taire un secret ignore la science.

CLARICE.

Tu le peins assez bien.

NERINE.

Oui, j'ose mettre en fait,
Madame, qu'un Bavard est toujours indiscret
Et vain. Tel est l'esprit de notre Capitaine :
Quoiqu'il ne vienne ici que de cette semaine,
Ce tems me semble un siécle ; & je tremble aujourd'
  d'hui
Que vous n'ayiez dessein de vous unir à lui ;
Etans si différens d'humeur, de caractére.
Clarice, honneur du Sexe, a le don de se taire ;
Exempte du défaut qui nous est reproché,
Et dont Monsieur Léandre est si fort entiché.
Pour moi je trouverois son parent préférable ;
Valére est le plus jeune & le plus raisonnable,
Il a beaucoup d'esprit, parle peu comme vous.

CLARICE.

Nérine, je veux bien l'avouer entre nous,
Je pense comme toi : tout ce qui m'embarrasse,
Je dépens de ma Tante.

NERINE.

Eh, Madame ! de grace,
N'êtes-vous pas veuve ?

CLARICE.

Oui ; mais je dois ménager
Cette Tante qui m'aime & veut m'avantager ;
Tu sçais que j'en attens un fort gros héritage.
Je ne puis faire un choix sans avoir son suffrage,
Et malheureusement, sans l'avoir jamais vû,
Céphise pour Léandre a l'esprit prévenu.
Isméne son amie, avec grand étalage,
En a fait un portrait comme d'un personnage
Distingué dans la Guerre, & qui pour sa valeur

Doit bien-tôt d'une Place être fait Gouverneur.

NERINE.

Valére est Officier, brigue la même Place,
Et peut également obtenir cette grace.
Quand même le contraire arriveroit, enfin,
Pourrez-vous épouser...

CLARICE.

Mon cœur est incertain.

NERINE.

Et moi, si pour époux vous acceptez Léandre,
Je quitte dès ce soir sans plus long-tems attendre.
Quel Maître ! Il voudroit seul parler dans le logis,
Ce seroit un tyran, qui tout le jour assis
Usurperoit nos droits, qui feroit notre office ;
Et je mourrois plûtôt que d'être à son service.
Il me seroit trop dur de garder mes discours,
De ne pouvoir rien dire, & d'écouter toujours.
Un grand parleur, Madame, est un monstre en mé-
nage,
Et ce n'est que pour nous qu'est fait le *babillage*,

CLARICE.

Que veux-tu que je fasse en cette occasion ?
Dis.

NERINE.

Il faut vous armer de résolution,
Sortir en même-tems de votre létargie ;
Agir, faire parler une commune amie ;
Par exemple, Daphné, qui dans cette maison
Occupe un logement.

CLARICE.

Sous un air assez bon
Elle a l'esprit malin, J'ai plus de confiance
Dans Hortense sa sœur.

NERINE.

L'une & l'autre s'avance.

SCENE II.

CLARICE, DAPHNE', HORTENSE, NERINE.

DAPHNÉ *à Clarice.*

Quoi, vous vous mariez, & ne m'en dites rien,
A moi votre voisine ! Oh, cela n'est pas bien.

CLARICE.

Mais vous me surprenez avec cette nouvelle.

DAPHNE'.

A quoi bon le cacher ? Soyez plus naturelle.
Vous sortez de veuvage, il n'est rien de plus sûr.

CLARICE.

Qui peut vous l'avoir dit ?

DAPHNE'.

Votre mari futur.
Dès demain au plûtard vous épousez Léandre.

HORTENSE.

C'est un bruit que lui-même a grand soin de répandre.
Ce n'est plus un secret.

NERINE.

Il est bon-là, ma foi

CLARICE.

Vous êtes là-dessus plus sçavantes que moi.
Je sçai, pour m'obtenir, qu'il fait agir Isméne,
Mais je ne croyois pas la chose si prochaine.
Léandre le premier, auroit dû m'avertir,
Et la seule raison m'y fera consentir.
Comme mon cœur rejette au fond cette alliance,
Vous devez l'une & l'autre excuser mon silence ;
J'ai même apréhendé qu'avec juste raison,
Daphné ne badinât d'une telle union ;

Et, pour preuve qu'ici j'agis avec franchise,
Je vous prie instamment d'en parler à Céphise,
Pour la faire changer de résolution,
Je ne vous aurai pas peu d'obligation.

HORTENSE.

Dès que je la verrai, fiez-vous à mon zèle ;
Comptez que je ferai mon possible auprès d'elle.

CLARICE.

Ecoutez cependant, je dois vous avertir
Que Léandre chez moi va bien-tôt revenir.
S'il nous rencontre ensemble...

NERINE.

Eh, vous n'avez que faire
De vous presser, sçachant quel est son caractére.
Il est chargé pour vous d'une commission,
Mais il ne quitte pas si-tôt une maison.
Il dit toujours, je sors, & toujours il demeure.
Ne parlât-il qu'au Suisse, il lui faut plus d'une heure.
Ce remarquable trait, l'avez-vous oublié ?
A dîner l'autre jour quand vous l'aviez prié,
Il fut voir le matin Doris grande parleuse,
Puis Mélite survint, autre insigne causeuse.
Le trio de jaser fit si bien son devoir,
Qu'il ne se sépara qu'à cinq heures du soir.
Il jaseroit encore, si le discret Léandre
N'avoit apréhendé de se trop faire attendre :
Croyant se mettre à table, il vint (j'en ai bien ri)
Une grosse heure après qu'on en étoit sorti.

DAPHNE'.

Le trait est singulier.

HORTENSE.

S'il ne trouvoit personne.

DAPHNE'.

Pour plus de sûreté, dépêchons-nous, ma bonne,
Partons.

HORTENSE.

Ma sœur & moi, nous allons au Palais,
Où nous avons affaire.

CLARICE.

Et moi, dans le Marais,
Voir ma Tante, & sçavoir au vrai ce qu'elle pense
D'un hymen pour lequel j'ai de la répugnance.

DAPHNE'.

Quelqu'un monte ; c'est lui, car j'entens parler haut,
Sortons par ce côté ; sauvons-nous au plûtôt.

(Elles sortent.)

NERINE.

Il a de babiller une fureur extrême,
Jusques-là, qu'étant seul il jase avec lui-même.

SCENE III.

LEANDRE, NERINE.

LEANDRE *parlant tout seul sans voir Nérine.*

NOn, rien n'est plus piquant que de courir,
     d'aller,
Sans rencontrer personne à qui pouvoir parler.
Quand on trouve les gens, on raisonne, l'on cause ;
On s'informe, & toujours on aprend quelque cho-
     se ;
Et ne dît-on qu'un mot au Portier du logis,
Cela vous satisfait ; & comme le Marquis
Me disoit l'autre jour en allant chez Julie...

NERINE.

A qui parle Monsieur ?

LEANDRE.

C'est toi ! Bonjour, mamie,
Comment te portes-tu ? Fort bien, j'en suis ravi ;
Ta Maîtresse de même, & moi fort bien aussi.
Elle m'avoit prié d'aller voir Isabelle
De sa part ; mais, morbleu, personne n'est chez elle,

Pas le moindre Laquais ; j'ai trouvé tout forti,
Et je fuis revenu comme j'étois parti.
Hier encore, hier, je courus comme un diable,
Secoué, cahoté dans un Fiacre exécrable.
Au Fauxbourg faint Marceau j'allai premiérement ;
Des Gobelins enfuite au Fauxbourg faint Laurent,
Du Fauxbourg faint Laurent, fans prefque perdre haleine,
Au Fauxbourg faint Antoine, & tout près de Vincenne ;
Du Fauxbourg faint Antoine au Fauxbourg faint Denis ;
Du Fauxbourg faint Denis dans le Marais, & puis
En cinq heures de tems faifant toute la Ville,
Je revins au Palais, & du Palais dans l'Ifle ;
De-là je vins tomber au Fauxbourg faint Germain ;
Du Fauxbourg faint Germain....

    N E R I N E *l'interrompant avec volubilité.*

                    J'ai couru ce matin,
Et de mon pied leger, jufqu'au bout de la rue ;
De la rue au marché ; puis je fuis revenue.
Il m'a fallu laver, frotter, ranger, plier ;
J'ai monté, defcendu de la cave au grenier,
Du grenier à la cave, arpenté chaque étage.
J'ai tourné, tracaffé, fini plus d'un ouvrage ;
Pour Madame & pour moi fait chauffer un bouillon :
J'ai plus de trente fois fait toute la maifon,
Pendant qu'un Cavalier, que Léandre on apelle,
A caufé, babillé, jafé tant auprès d'elle,
Qu'elle en a la migraine, & que pour s'en guérir ;
Tout à l'heure, Monfieur, elle vient de fortir.

        L E A N D R E.

Vous devenez, ma fille, un peu trop familiere,
Et toutes ces façons ne me conviennent guére.
Si je ne refpectois la maifon où je fuis,
Parbleu, je fçaurois bien .... Profitez de l'avis ;
Et, parlant à des gens qui paffent votre fphere,
Songer à mieux répondre ou plûtôt à vous taire.

        N E R I N E.

Le filence eft un art difficile pour nous,
Et j'irai, pour l'aprendre, à l'école chez vous.

LEANDRE.

A Clarice tantôt je dirai la maniére
Dont tu reçois ici ceux qu'elle confidére ;
Et tu devrois fçavoir qu'en la paffe où je fuis ,
On doit me ménager , & qu'en un mot je puis
Faire de ma Maîtreffe une très-haute Dame ,
Et qu'aujourd'hui peut-être elle fera ma femme ;
Que je dois obtenir un important Emploi ,
Ayant avec honneur fervi vingt ans le Roi ;
Que Clarice avoit tort de préférer Valére ,
Et qu'il eft mon cadet de plus d'une maniére ;
Qu'un homme comme moi trouve plus d'un parti ;
Que de Julie enfin je ne fuis pas haï
Julie a du brillant & beaucoup de jeuneffe :
Ta Maîtreffe a trente ans , & moins de gentilleffe ,
Mais elle a des vertus dont je fais plus de cas ,
Elle eft fage , œconome, & ne babille pas.

NERINE.

La déclaration eft tout-à-fait nouvelle ,
Et je vous dois , Monfieur , remercier pour elle.

LEANDRE.

Adieu. Je vais agir pour mon Gouvernement.
Oh ! Valére en fera la dupe fûrement :
Mais je le vois qui vient.

NERINE.

                    Avec lui je vous laiffe.

                          (*Elle fort.*)

LEANDRE *à part.*

Il m'aborde à regret , & fon afpect me bleffe.
Il n'eft , pour fe haïr , que d'être un peu parent.

SCENE IV.

LEANDRE, VALERE.

LEANDRE.

AH ! Vous voilà , Monfieur ; j'en fuis charmé
vraiment.
C'eft peu que de vouloir m'enlever ma Maîtreffe ;
J'aprends que vous avez encore la hardieffe
De former des deffeins fur le Gouvernement ,
Qui, par la mort d'Enrique , eft demeuré vacant ,
Et que j'ai demandé pour prix de mon courage ,
Sans refpecter mes droits, mes fervices , mon âge.
Mais , mon petit coufin , je vous trouve plaifant,
D'ofer , d'affecter d'être en tout mon concurrent.
Vous vous taifez ?

VALERE.

J'attends le moment favorable ,
Et vous trouve , Monfieur, parleur fort agréable.
Vous avez tort , pourtant , de vous mettre en courroux,
Vous fçavez que je fuis Officier comme vous.

LEANDRE.

Officier comme moi ! Tu te moques : A d'autres !
Ofes-tu comparer tes fervices aux nôtres ?
Dès l'âge de quinze ans j'ai porté le moufquet ;
Quand j'étois Lieutenant , tu n'étois que Cadet.
J'ai vû trente Combats , vingt Siéges , fix Batailles ;
J'ai brifé des remparts , j'ai forcé des murailles ;
J'ai plus de trente fois harangué nos foldats ,
Et , Bourgeois , je me fuis annobli par mon bras.
Je n'oublierai jamais ma premiére Campagne ,
Je crois que nous faifions la Guerre en Allemagne ,
Dans un détachement ... c'étoit en fept cens trois ,
A cinq heures du foir.... quatorziéme du mois....
L'affaire fut très-vive , & j'y fis des merveilles.

Alidor y laiſſa une de ſes oreilles ,
Il a joué depuis juſqu'à ſon Régiment ,
Autrefois Colonel , & Commis à préſent.
Connois-tu bien ſa femme ? Elle eſt encore piquante :
J'étois hier chez elle , où j'entretins Dorante.
As-tu vû la maiſon qu'il a tout près de Caën ;
Elle eſt belle. Je vais t'en faire ici le plan
En deux mots.

VALERE.

Mais , Monſieur , vous battez la campagne ,
Et vous êtes déja bien loin de l'Allemagne.
Quant au Gouvernement , le ſuccès montrera
Si j'ai de bons amis.

LEANDRE.

Oh ! je t'arrête-là.
Des amis , des patrons , j'en ai de toute eſpéce.
Fripons , honnêtes gens , tout pour moi s'intéreſſe.
Je fais agir ſous main le Chevalier Caquet,
Liſimon l'intriguant , & Damon le furet,
Qui ſe fourre par-tout à l'Etat très-utile,
Officier à la Cour , Eſpion à la Ville.
Un jeune Abbé qui fait le bien & le mal ;
Du ſexe fort aimé. J'aurai par ſon canal
Une Lettre aujourd'hui d'une certaine Dame ,
Qui connoît le Miniſtre & peut tout ſur ſon ame ;
Parente de Cloris : je ne dis pas ſon nom ,
Il faut avoir en tout de la diſcrétion.
Chez elle , ce matin , ſans plus long-tems remettre ,
L'Abbé doit me mener pour avoir cette Lettre.

VALERE à part.

Parente de Cloris ! C'eſt Conſtance , ma foi.
Elle eſt fort mon amie , & fera tout pour moi,
Il m'a très-à-propos rapellé ſon idée ;
Il faut le prévenir.

LEANDRE.

La choſe eſt décidée ,
Et quand même la Cour , par un coup de bonheur
De Quimper-Corentin vous feroit Gouverneur ;

Je n'en ferois pas moins le mari de Clarice ;
Car fa tante m'eſtime.
VALERE.
Elle vous rend juſtice.
Votre......
LEANDRE.
Votre ? Ecoutez ,, car je parle le mieux.
VALERE.
Dites encore le plus.
LEANDRE.
Tu n'es qu'un envieux ;
N'ayant pas , comme moi , le don de la parole,
Ton cœur en eſt jaloux , & cela te défole.
De ma complexion je parle peu pourtant ;
Et ſi j'avois voulu mettre au jour mon talent ,
Mieux que mon Avocat j'aurois plaidé moi-même
Mes cauſes , quoiqu'il ſoit d'une éloquence extrême :
Car il dit ce qu'il veut , il eſt Orateur né.
Sur ſa langue les mots s'arrangent à ſon gré ;
Sa volubilité qui n'a point de pareille
Eſt un torrent qui part & ravage l'oreille ;
Et je ne vois perſonne au Palais aujourd'hui ,
Qui parle plus long-tems , ni plus vîte que lui.
VALERE.
Oh ! ſur lui vous auriez remporté la victoire ;
Je ne balance pas un moment à le croire.
LEANDRE.
En vain tu penſes rire , en vain tu crois railler.
Sois inſtruit que tout céde au talent de parler ;
Et ſçache qu'en amour auſſi bien qu'en affaire ,
La langue fut toujours une arme néceſſaire.
Par-là l'on perſuade & l'on ſe fait aimer ,
On mépriſe ces gens qui , lents à s'exprimer ,
Héſitant ſur un mot qui dans leur bouche expire ,
Font ſouffrir l'Auditeur de ce qu'ils veulent dire.
VALERE.
Moi , je crois qu'en affaire auſſi-bien qu'en amours ,
Agir quand il le faut ; vaut mieux que les diſcours ;

Le trop parler , Monfieur , fouvent nous eft contraire.
LEANDRE.
Vous jafez cependant plus qu'à votre ordinaire.
Pour moi , j'articulois mes mots avànt le tems ,
Et m'expliquois fi bien à l'âge de trois ans ,
Qu'entendant mes difcours qui paffoient ma portée ,
Un jour il m'en fouvient , ma grand'mere enchantée ,
Me prit entre fes bras.
VALERE.
Quel eft donc ce Laquais ?

SCENE V.

LEANDRE , VALERE , LA FLEUR.

LA FLEUR *bas à Léandre.*

Monfieur l'Abbé m'envoye , il vous attend.
LEANDRE.
J'y vais.

(Continuant fon difcours.)
Puis me tint ce propos.
VALERE *bas.*
Le voilà qui demeure.
LA FLEUR *revenant fur fes pas.*
Monfieur , il va fortir , dépêchez.
LEANDRE.
Tout à l'heure.

(La Fleur s'en va.)

SCENE VI.

LEANDRE, VALERE.

LEANDRE.

LA bonne femme donc, j'ai son discouss present,
Ce qu'on retient alors reste profondément.
C'est une cire molle, où tout ce qu'on aplique,
S'écrit.... Si comme moi vous sçaviez la Physique,
Je vous mettrois au fait ; car j'ai beaucoup de goût
Pour un homme de guerre, & sçais un peu de tout.
J'aime les tourbillons, le sec & le liquide,
Des atômes ...

VALERE à part.

Il va se perdre dans le vuide.

LEANDRE.

Le flux & le reflux exercent mon esprit,
La matiére subtile, elle me réjouit.
C'est une belle chose encore que l'Histoire :
Je la cite à propos, car j'ai de la mémoire ;
Et n'ai rien oublié de tout ce que j'ai lû :
La bataille d'Arbelle, où César fut vaincu,
Et celle de Pharsale où périt Alexandre ;
Et Darius le Grand, qui mit Thèbes en cendre....
Dans la vivacité, je crois que je confonds.

VALERE.

Ma foi, vous excellez pour les digreffions,
Et j'admire votre art à changer de matiéres.
Par des tranfitions infenfibles, legéres :
Vous raifonnez de tout avec beaucoup d'efprit,
Et vous citez l'Histoire en homme bien inftruit.

LEANDRE.

Il me brouille toujours.

SCENE VII.

LEANDRE, VALERE, NERINE,

NERINE.

Excusez, je vous prie.
Mais il entre, Messieurs, nombreuse compagnie :
La tante de Clarice arrive maintenant,
Ifméne l'accompagne : Hortenfe au même inftant
Rentre, & fa fœur la fuit ; Doris avec Mélite
Vient d'un autre côté pour nous rendre vifite.
(S'adreffant à Léandre.)
Vous les entretiendrez, elles ne font que fix ;
Et ferez, s'il vous plaît, les honneurs du logis,
Monfieur, en attendant le retour de Clarice.

LEANDRE.

Volontiers, je faifis l'occafion propice ;
Je vole vers la tante & je cours l'embraffer,
Et lui donner la main. Je vous laiffe y penfer.
Adieu, Monfieur.

SCENE VIII.

VALERE, NERINE.

VALERE.

Que croire ?

NERINE.

Allez, quoi qu'il en dife,
Nous pourrons balancer le pouvoir de Cephife.
Monfieur, je vous protége, & cela vous fuffit.

VALE

VALERE.

Et ta Maîtresse ?

NERINE.

Elle est pour vous, sans contredit,
Si le Gouvernement...

VALERE.

Va, mon affaire est bonne ;
Et je sors de ce pas pour voir une personne,
Dont notre Babillard m'a fait ressouvenir,
Et qui pour moi, je crois, pourra tout obtenir ;
Dans le tems que lui-même entretiendra ces Dames,
Et qu'il va tenir tête au caquet de six femmes.

NERINE.

Rentrons, j'entens nos gens qui parlent en chorus.

SCENE IX.

LEANDRE, CEPHISE, ISMENE, HORTENSE, DAPHNE', DORIS, ME'LITE.

DORIS *&* **MÉLITE** *entrant les premiers.*

Nous nous rendons, Madame, & ne disputons
          plus.

HORTENSE *à Cephise.*

Je suis de la maison, point de cérémonie.

LEANDRE *se plaçant au milieu.*

Mesdames, vous voilà fort bonne compagnie :
Vous n'avez qu'à parler, je suis prêt d'écouter ;
Et de tous vos discours je m'en vais profiter.

DAPHNÉ.

Vous êtes aujourd'hui coëffée en mignature.
          (*Bas à Hortense.*)
Sa parure est risible autant que sa figure.

DORIS.

Je suis en negligé.

ISMENE.

J'aime cette façon.

CEPHISE *avec poids & lenteur*.

Elle vous sied.

LEANDRE.

Cela vous donne un air fripon.

HORTENSE.

Je viens de rencontrer Lucile dans la rue,
Et je vous avouerai que je l'ai méconnue.

ISMENE.

Elle devient coquette en l'arriére saison.

MÉLITE.

Elle est toujours au Bal, c'est-là sa passion.

CEPHISE.

Mais à propos de Bal, on m'a fait une histoire.

LEANDRE.

Bon. Racontez-nous-la; plus qu'on ne sçauroit croire
J'ai l'esprit curieux.

CEPHISE.

Je vais vous la conter.

DORIS.

J'en sçais une.

LEANDRE.

Et moi deux.

CEPHISE.

Voulez-vous m'éccuter?

DAPHNÉ.

Oh! vous parlez si bien, que je suis toute oreille.
(*A part.*)
Son ton de voix m'endort, & déja je sommeille.

LEANDRE.

Je ne dis rien.

ISMENE & DORIS.

Paix.

LEANDRE.

Paix.

CEPHISE *lentement*.

Conduite par l'Amour

Certaine Dame au Bal se rendit l'autre jour.
####### LEANDRE.
Au Bal de l'Opéra?
####### CEPHISE.
Sans doute. Un Mousquetaire
L'attiroit en ces lieux.
####### LEANDRE.
En amour comme en guerre
Ce sont de verds Messieurs.
####### CEPHISE.
La Dame en question
Je ne la nomme point, & cela pour raison.
####### DORIS.
Je devine qui c'est.
####### LEANDRE.
C'est la jeune Marquise.
####### ISMENE à part.
Il va, par son babil, indisposer Cephise.
####### CEPHISE.
Un instant, attendés ; celle dont il s'agit
A près de soixante ans, à ce que l'on m'a dit.
####### LEANDRE.
Oh ! j'y suis pour le coup.
####### MÉLITE.
Je sçais aussi l'affaire.
####### LEANDRE.
C'est Cloé.

####### CEPHISE.
Point du tout.
####### HORTENSE à part.
L'étrange caractére.
####### MÉLITE.
C'est Clorinde.

####### LEANDRE.
Ou Lucile.

####### CEPHISE.
Eh ! d'un esprit moins prompt.

LEANDRE.

Mais, sans vous interrompre.

CEPHISE.

Encore il m'interrompt!

LEANDRE.

Permettez-moi.…

CEPHISE.

Je prends le parti de me taire.
Puisqu'on n'écoute pas, qu'on me rompt en visiére.

LEANDRE.

Moi, Madame, j'en suis incapable.

CEPHISE.

Il suffit.

DORIS.

Pour bien faire, parlons tour-à-tour.

LEANDRE.

C'est bien dit.
La conversation doit être générale.

MELITE.

Le moyen, si Monsieur saisit toujours la bale.

LEANDRE.

Je n'ai pas entamé seulement un discours.

DAPHNÉ *bas à Léandre.*

Allés, laissez-les dire, & poursuivés toujours.

DORIS.

Mesdames, irez-vous à la Piéce nouvelle?

LEANDRE.

Le Titre, s'il vous plaît?

ISMENE.

Dit-on qu'elle soit belle?

MÉLITE.

Le Babillard, Monsieur.

LEANDRE.

Oh! je veux voir cela;
Et je ferai ce soir faux-bond à l'Opéra.

CEPHISE.

Pour moi, je ne sçaurois souffrir les Comédies,

·D O R I S.
Je n'ai du goût auſſi que pour les Tragédies.
L E A N D R E.

Parbleu, j'y veux mener le Chevalier Caquet,
Avec mon Avocat, pour y voir leur portrait.
A ce Théàtre-là pourtant je ne vais guéres.
D A P H N É.

Je m'étonne, Monſieur, qu'ayant tant de lumiére...
L E A N D R E.

Je pourrois, il eſt vrai, paſſer pour connoiſſeur ;
Car je ſçai tout Pradon & Montfleury par cœur.
Autrefois j'ai joué dans les fureurs d'Oreſte.
Tien, tien, voilà le coup.
M E L I T E.
               Nous vous quittons du reſte.
D O R I S.

J'aime beaucoup la Foire.
L E A N D R E.
                    Oh ! j'y ris ſur ma foi,
Du meilleur de mon ame, & ſans ſçavoir pourquoi.
Madame, avez-vous vu l'animal remarquable,
Qui tient du chat, du bœuf, preſque au chameau ſem-
          blable ?
Et le fameux Saxon n'eſt-il pas amuſant ?
Polichinelle encore, eſt fort divertiſſant.
Ma foi, vive Paris, c'eſt une grande Ville.
M É L I T E.
On ne peut dire un mot qu'il n'en réponde mille.
C E P H I S E.

Il interrompt toujours.
D O R I S.
               Il fait tout l'entretien.
D A P H N É *bas à Léandre.*

Ne vous relâchez pas.
L E A N D R E.
               Je ne dirai plus rien.
C E P H I S E.

Pourriez-vous me donner des nouvelles d'Aminte.

D O R I S E *&* M E L I T E.
Madame elle eſt. ..

L E A N D R E.

Elle eſt mariée à Philinte.

C E P H I S E.

Il tient bien ſa parole.

M É L I T E.

Elle eſt veuve.

L E A N D R E.

J'ai tort.

D O R I S.

'Aminte eſt mon amie.

M É L I T E.

Et je ſuis ſa voiſine.

L E A N D R E.

Je lui tiens de plus près, car elle eſt ma couſine.

M É L I T E.

Elle n'eſt plus ici.

L E A N D R E.

Sans conteſtation.

D O R I S *à Cephiſe.*

Vous l'a-t-on dit ?

L E A N D R E.

Avec votre permiſſion. ..

C E P H I S E.

Eh ! laiſſez donc parler !

D O R I S.

Elle ſe remarie...

D A P H N É *à Léandre.*

Défendez-vous.

L E A N D R E.

Un mot.

M É L I T E.

Elle eſt en Picardie...

L E A N D R E.

Oh ! je ſuis ſon couſin...

D O R I S.

Par le dernier Courrier..

LEANDRE.

Au troisiéme degré.

MÉLITE.

Jusqu'au mois de Janvier...

LEANDRE.

Je sors d'un sang Bourgeois.

DORIS.

Elle vient de m'écrire.

MÉLITE.

Je dois...

LEANDRE.

Et je me fais un honneur de le dire.

CEPHISE.

Mais...

MÉLITE.

Dans ce pays-là comme j'ai quelques biens,

LEANDRE.

Je le suis...

DORIS.

Elle épouse un Conseiller d'Amiens...

MÉLITE.

Je dois aller bien-tôt...

LEANDRE.

Du côté de ma mere...

DORIS.

C'est un riche parti...

MÉLITE.

Je pars avec mon frere...

CEPHISE.

Mesdames...

LEANDRE.

Il est sûr...

CEPHISE.

Mais, Monsieur...

DAPHNÉ *à Léandre.*

Tenés bon.

LEANDRE, MÉLITE, DORIS.

Madame...

DAPHNÉ *à Léandre.*

Allons, pouffés, car vous avez raifon?

LEANDRE, MÉLITE, DORIS, CEPHISE,
& ISMENE *parlent enfemble.*

LEANDRE.

On me contefte en vain ce que je certifie,
On ne m'aprendia pas ma généalogie.
Mieux qu'un autre, je crois, je dois en être inftiuit,
Puifque, cent & cent fois, mon pere me l'a dit.

MÉLITE.

Comme je la connois dès la plus tendre enfance,
Qu'elle eut toujours en moi beaucoup de confiance,
Ne pouvant me parler, elle m'écrit fouvent,
Et je lui fais auffi réponfe exactement.

DORIS.

A vous dire le vrai la Province m'ennuye;
Car je hais les façons & la tracafferie,
Et fi je n'efpérois de bien-tôt revenir,
Je ne pourrois jamais me réfoudre à partir.

CEPHISE.

Il ne fe vit jamais une chofe femblable !
Il faut avoir l'efprit, l'humeur infuportable ;
Et c'eft un procédé, Monfieur, des plus choquans,
Que de fermer ainfi toujours la bouche aux gens.

ISMENE.

Je me joins à Madame, & ne puis plus me taire
Sur vos façons d'agir, fur votre caractére.
J'en fuis fcandalifée, & par votre caquet
Vous détruifez, Monfieur, tout ce que j'avois fait.

MÉLITE.

Si vous voulez mander…

DORIS.

            Vous connoiffez Chrifante,

LEANDRE.

Quoique vous en difiez, Aminte eft ma parente,
Mefdames; Car Aminte eft fille de Damon,
Gentilhomme fervant, & petit-fils d'Orgon:
Lequel Orgon étoit propre neveu d'Argante,

Célébre Partisan, & frere de Dorante :
Lequel Dorante avoit en hymen clandestin
Epousé par amour Guillemette Patin :
Laquelle Guillemette étoit, ne vous déplaise,
Fille du second lit d'Angélique la Chaise :
Et laquelle Angélique...

(Il tousse.)

MELITE.

Oh! laquelle, lequel,

Je n'y puis plus tenir.   *(Elle sort.)*

SCENE X.

LEANDRE, CEPHISE, ISMENE, DORIS, DAPHNE', HORTENSE.

LEANDRE *continuant son discours.*

Du côté paternel,
Si j'ai bonne mémoire, étoit sœur d'Hipolyte.

(Il crache.)

DORIS *bas en s'en allant.*

Qu'une nazarde.... Mais il vaut mieux que je quitte

SCENE XI.

LEANDRE, CEPHISE, ISMENE, HORTENSE, DAPHNE'.

LEANDRE *poursuivant toujours.*

Et ladite Hipolyte étoit sœur, d'autre part,
De l'Avocat Martin, dit Babille ou Braillard,
Qui mourut en parlant. Ledit Martin Babille

Etoit mon trifayeul.

HORTENSE.

        C'eft un mal de famille.

Fuyons, fauve qui peut.

(Elle s'en va.)

SCENE XII.

LEANDRE, CEPHISE, ISMENE, DAPHNE'.

LEANDRE reprenant fon difcours.

J'ai fon portrait chez moi,
Et lui reffemble fort. On voit par-là, je croi,
Qu'Aminte... Attendez, j'oubliois de vous dire
Que ce fameux Martin fortoit d'une Delphire :
Laquelle defcendoit du Vicomte de Quer,
Bas Breton de naiffance, & Seigneur de Quimper :
Ce Vicomte de Quer, remarquez bien de grace...

(Il éternue.)

ISMENE bas.

Que Monfieur eft un fot. J'abandonne la place.

(Elle fort en colére.)

SCENE XIII.

LEANDRE, CEPHISE, DAPHNE'.

LEANDRE continuant toujours.

FUt grand homme de Guerre, & de Meftre de Camp
Donna dans le Commerce, & devint Trafiquant,
Or donc, pour revenir, pour être laconique,

Martin Braillard Babille étoit oncle d'Enrique,
Major & Gouverneur de Quimpercorentin.
Je dois avoir sa place, & le dis à dessein.
Enrique donc, neveu de Martin...

(Il se mouche.)

CEPHISE.

Ah ! J'expire,
J'étouffe, & je m'en vais.

(Elle sort.)

DAPHNE'.

Moi, je créve de rire.

(Elle suit Céphise.)

SCENE XIV.

LEANDRE *poursuivant seul.*

Herita de ses biens ; car ce Martin Braillard
N'avoit, à son décès, laissé qu'un fils bâtard,
Mort depuis en Espagne ; & pour toute famille,
De son épouse Alix n'avoit eu qu'une fille,
Trépassée, enterrée un an avant sa mort,
Qui promettoit beaucoup, & qu'il chérissoit fort.

SCENE XV.

LEANDRE, NERINE *qui vient en tapinois & se met derriére lui pour l'écouter.*

LEANDRE *sans apercevoir Nérine.*

Enrique combattit & sur Mer, & sur Terre,
Et laissa les trois quarts de son corps à la guerre ;
Car il perdit un œil à Gand, le fait est sûr,
La cuisse droite à Mons, le bras gauche à Namur.
Il n'aimoit pas le vin, & haïssoit les femmes ;

Je le dis à regret, excufez-moi, Mefdames,
De vous fâcher en rien...
      NERINE *derriére la chaife.*
                Vous êtes bien poli.
        LEANDRE.
Ah! Nérine, c'eft toi. Mais je fuis feul ici ;
Je m'en ferois douté. Pefte foit des femelles,
Dans tous leurs entretiens elles font éternelles ;
Veulent parler, parler, & n'écouter jamais.
Ces bavardes, fur-tout, bon Dieu, que je les hais !
Le talent le plus rare & le plus néceffaire,
Sur-tout dans une femme, eft celui de fe taire.
          NERINE.
Ah ! Monfieur, quel exploit ! Avoir ainfi défait,
Sçû vaincre, furpaffer en babil, en caquet,
Six femmes à la fois, & leur donner la fuite.
Quelles femmes encore ! La braillarde Mélite,
L'éternelle Céphife, & la rogue Doris,
Caufeufes par état, s'il en eft dans Paris.
Après être forti vainqueur de cette affaire,
Qui peut vous refufer le furnom de Commére ?
         LEANDRE.
Voyez la médifance. A peine ai-je eu le tems
De dire quatre mots, de defferrer les dents.
Mais je fors.
          NERINE.
        Attendez, voici certaine Lettre
Qu'on vient de me donner, Monfieur, pour vous
  remettre.
         LEANDRE.
Elle vient de l'Abbé ; voyons ce qu'elle dit.
       (*Il lit tout haut.*)
Comme on ne fçauroit vous parler, Monfieur, je prens
le parti de vous écrire. Vous venez d'échouer dans l'affai-
re en queftion, pour avoir trop parlé & n'avoir pas affez
agi, & faute de vous être rendu chez moi, quand je vous
ai envoyé mon Laquais ; vous n'en fçauriez douter, puif-
que Valére vient d'obtenir le Gouvernement par l'entre-

mife de la perfonne chez qui je devois vous mener ce ma-
tin.   L'Abbé BRIFFART.
NERINE.
J'aprouve cette Lettre , & c'eft fort bien écrit.
LEANDRE.
L'injuftice eft criante , & je devois peu craindre...
Mais j'aurai le plaifir d'aller par-tout m'en plaindre;
Et Clarice vaut mieux que cent Gouvernemens.

SCENE DERNIERE.

LEANDRE, VALERE, CEPHISE, CLARICE, NERINE.

CEPHISE *parlant à Valére.*
VOus fçaurez devant lui quels font mes fenti-
      mens,
Et je vais m'expliquer fans tarder davantage.
LEANDRE.
Madame, en ce moment j'attens votre fuffrage.
NERINE *à Céphife.*
De Quimpercorentin Valére eft Gouverneur.
CEPHISE *s'adreffant à Valére.*
Je viens d'en être inftruite, & fais choix de Monfieur.
LEANDRE.
Contre les fentimens que vous faifiez paroître?
CEPHISE.
Je n'avois pas alors l'honneur de vous connoître,
Et je ne fçavois pas que vous étiez enfin
Arriére petit-fils du célébre Martin.
VALERE.
Vous ferez de ma nôce.
CLARICE.
                    Ami, Maîtreffe, affaire,
Vous perdez tout, Monfieur, pour n'avoir fçû vous
      taire.

N E R I N E.

Monfieur le Gouverneur , je vous baife les mains.

L E A N D R E.

Je n'ai rien à répondre à ces difcours malins ;
Mais, pour me confoler de ce qui les fait rire,
Allons chercher quelqu'un à qui pouvoir le dire.

Au Parterre, en revenant fur fes pas.

Meffieurs, un mot avant que de fortir ;
Je ferai court, contre mon ordinaire.
Si, par bonheur , j'ai pû vous divertir,
Si mon babil a fçû vous plaire,
Daignez le témoigner tout haut.
Si je vous déplais , au contraire,
Retirez-vous fans dire mot.
N'imitez pas mon caractére.

F I N.

ADMETE
ET ALCESTE,

TRAGEDIE.

ACTEURS.

ADMETE, Roi de Theſſalie.

ALCESTE, femme d'Admete.

POLIDECTE, grand Prêtre, frere d'Admete.

HERCULE.

CLE'ONE, confidente d'Alceſte.

LICAS, confident d'Hercule.

ADRASTE, confident de Polidecte.

TIMOCRATE.

IRCAS, esclave.

IPHICRATE, autre esclave.

Chœur du Peuple.

Suite.

La Scène eſt dans la Ville d'Yolcos, en Theſſalie,
dans le Palais d'Admete.

ADMETE
ET ALCESTE,
TRAGEDIE.

ACTE PREMIER.

SCENE PREMIERE.

POLIDECTE, ADRASTE.

POLIDECTE.

ON frere va périr. Voici le jour terrible
Qu'il doit être frapé d'une main invisible.
es feux contagieux n'embrasent plus ce bord,
Le salut de son peuple est l'Arrêt de sa mort :
Il doit seul expirer pour toute la Patrie.
Au Ciel impunément on n'offre point sa vie.

ADRASTE.

Seigneur, dès que la Parque aura fermé ses yeux,
Reprenez tous vos droits, commandez en ces lieux.
Ne perdez point de tems, que rien ne vous étonne ;
Et du pied des Autels, osez monter au Trône.

Pour en chaffer Alcefte & vous y faire affeoir,
Je fuis prêt à combattre, & m'en fais un devoir.

POLIDECTE.

As-tu vû nos guerriers? Et leur troupe fidelle
Eft-elle difpofée à feconder ton zèle?
Car c'eft peu de Lariffe, & que mes dons fecrets
De tous fes Citoyens, me faffent des fujets:
C'eft peu que Timocrate y conduife mes brigues,
Si le foldat ici, ne foutient mes intrigues.
Puis-je attendre....

ADRASTE.

Oüi, Seigneur, nos foldats font tous prêts;
Honteux de s'avilir dans une indigne paix,
Chargés du vil emploi de cultiver la terre?
Ils n'attendent qu'un Chef & refpire la guerre:
Du foin de les armer: Prince, honorez mon bras,
Et fouffrez que pour vous, ils marchent fur mes pas.

POLIDECTE.

Oüi, fois leur Chef, ami, fur toi je me repofe.

ADRASTE.

Après un tel fuffrage, il n'eft rien que je n'ofe.
Avant la fin du jour vous ferez élu Roi,
Et verrez tous nos Grecs fléchir fous votre loi;
A moins qu'à nos deffeins le Ciel ne mette obftacle;
Que pour fauver Admete il ne rende l'Oracle,
Et que, trompant nos vœux, cet Oracle aujourd'hui
Ne détourne le trait qui doit tomber fur lui.

POLIDECTE.

Ah! chaffe de ton ame un effroi ridicule.
Se peut-il qu'à ce point, un guerrier foit crédule?
Graces à mon pouvoir, je ne crains rien des Cieux,
Réponds-moi des foldats, je te réponds des Dieux.
Si la Reine & le Peuple attendent leur réponfe;
Raffûre tes efprits, c'eft moi qui la prononce.

ADRASTE.

Mais ces Dieux ont d'Admette entendu les regrets:
Ils ont chaffé la mort du fein de fes fujets,
Une feconde fois ils peuvent faire grace,

Prince, & ne point fraper le coup qui le menace.
POLIDECTE.
Le lien dont je veux m'attacher à ton sang,
Ta prudence éprouvée, & ton zéle constant
Veulent qu'à tes regards je dévoile un myftère,
Que j'ai fçû renfermer au fond du fanctuaire.
Je puis t'ouvrir mon cœur. Ces lieux remplis d'effroi,
Ne font tout occupés que du péril du Roi.
    Tu te fouviens qu'Alcefte en cette même Ville,
Où mon Pere régnoit, vint chercher un azile.
Trop fenfible à fon fort, fauffement ébloui,
Tu fçais qu'il déclara par un ordre inoui,
Que celui de nous deux qu'elle voudroit élire,
Et nommer fon époux, pofféderoit l'Empire.
La perfide trahit mon efpoir orgueilleux,
Elle fit choix d'Admete & couronna fes feux.
Ce qui redouble encore ma fureur vengereffe,
Le fceptre m'échapa malgré le droit d'aîneffe.
Ce droit facré, par moi fut en vain attefté;
Mon Pere par ce frein ne fut point arrêté.
Ce titre ne fervit qu'à combler ma mifére.
Le jour que fur le Trône il fit afféoir mon frere;
Ce jour, fans confulter mon cœur ambitieux,
Il confacra ma vie au culte de nos Dieux.
Il craignoit le dépit que je faifois paroître,
Et profcrit de la Cour, je fus élu grand Prêtre.
Ce n'étoit point affez; à tout ce que j'aimois,
Son barbare pouvoir m'arracha pour jamais.
Il bannit de ces lieux ta fille que j'adore,
Et pour qui j'entreprends un projet qu'on ignore.
    Peres dénaturés! Parens pleins de rigueurs!
Qui difpofez de nous fans l'aveu de nos cœurs,
Votre main nous conduit au bord des précipices,
Et de tous nos forfaits vous êtes les complices.
Je fuis né pour l'éclat, non pour l'obfcurité,
Et j'exerce à regret ma trifte dignité.
Je n'ai point oublié l'injure qu'on m'a faite.
Méditant chaque jour ma vengeance fecrette,

A l'ombre des Autels , au centre de la paix ,
J'ai mis mes plus grands soins à bien choisir mes traits.
Pour Alceste toûjours ma haine s'est accruë ,
Sur mon malheureux frere elle s'est étenduë ;
Et déguisant le piége où j'ai sçû l'engager ,
J'ai des Dieux que je sers apris à me venger.
Eux-mêmes ont fourni des armes à ma rage ,
Et pour cacher mon bras , m'ont prêté leur nuage.
J'ai long-tems attendu , deux ans se sont passés ,
Sans pouvoir satisfaire à mes vœux offensés.
La Thessalie heureuse & trop bien gouvernée ,
Ne laissoit aucun jour à ma haine obstinée.
Admete pacifique , & borné dans ses vœux ,
Tendre envers ses sujets , & zèlé pour les Dieux
Portant même souvent jusques à la foiblesse ,
Son zèle trop timide & sa folle tendresse ,
Se voyoit adoré d'un peuple qu'il aimoit.
Contraint de dévorer l'aideur qui m'enflâmoit ,
Craignant à découvert de commettre le crime ,
De hazarder le prix de l'orguëil qui m'anime ,
Par des détours cachés , par des sentiers secrets ,
J'ai voulu parvenir à d'utiles forfaits.
J'ai paru détaché d'une Cour que j'adore ,
Et me suis renfermé dans des lieux que j'abhorre.
De mon cœur en public cachant l'ambition ,
J'ai saisi pour fraper , l'heure & l'occasion.
La Fortune se livre à qui la sçait attendre.
Un feu contagieux & prompt à se répandre ,
Dans ces tristes climats vient d'aporter la mort ;
Je lui devrai le Sceptre , & j'en rends grace au sort.
Le Roi pour arrêter ses ravages funestes ,
Est venu conjurer les puissances célestes
D'entendre ses soupirs , d'épargner ses sujets ,
Et de lancer sur lui leurs redoutables traits.
Des Cieux heureusement la colére épuisée
S'est peu de jours après d'elle-même apaisée.
Et selon mes désirs , chacun a comme toi
Crû devoir son salut à l'amour de son Roi.

ADRASTE.

Mais Seigneur , je l'ai crû fur la foi du Ciel même.
Adraſte a pour garant ſa parole ſuprême,
Et dans le Temple hier , aux peuples d'Yolcos ,
Sa redoutable voix fit entendre ces mots.
Peuple rens à ton Roi graces de la lumiére.
Et toi Prince , demain , quand l'Aſtre qui t'éclaire,
Aura fait la moitié de ſon rapide cours ,
Ma fureur te prendra pour victime derniére ,
Un inviſible trait doit terminer tes jours.

POLIDECTE.

Ton eſprit trop crédule , a dans ſon trouble extrême.
Pris la voix d'un mortel pour la voix des Dieux même.
Aprens qu'elle a parlé par un trait de mon art ;
Et que j'ai profité des bienfaits du hazard.
Le ſort a le premier commencé le prodige ,
Et je dois l'achever.

ADRASTE.

Vous , Seigneur ?

POLIDECTE.

Moi , te dis-je ;
Avant que le Soleil qui luit ſur ſes Etats,
Ait amené l'inſtant marqué pour ſon trépas ,
Dans le Temple des Dieux , Admete doit ſe rendre,
Pour benir leur bonté du coup qu'il vient attendre ?
Et leur renouveller ſon ſerment ſolemnel.
Conduit par mes conſeils , comme il doit à l'Autel
Venir ſeul , dépouillé de la grandeur ſuprême,
J'ai d'un venin ſubtil plus prompt que le fer même,
Empoiſonné l'encens que ſa main va brûler.
C'eſt l'inviſible trait qui le doit immoler.
Avec l'odeur fatale , il va dans ſon Offrande ,
Reſpirer à longs traits la mort qu'il leur demande.
Sous mes coups par ce piége il tombera frapé ,
Et mon crime ſera dans l'ombre envelopé.
Je veux qu'il ſoit couvert d'un voile qu'on adore ,
Que du nom de prodige un Peuple entier l'honore ,
Et qu'une heureuſe erreur faſſe croire en tous lieux ,

Que l'œuvre de main est l'ouvrage des Dieux.

ADRASTE.

Mon cœur est partagé par cette confidence,
Entre l'étonnement & la reconnoissance.
Des mêmes intérêts à votre sort lié,
Puis-je trop signaler pour vous mon amitié ?
Tout mon sang répandu ne sçauroit reconnoître
Les bontés qu'aujourd'hui vous me faites paroître.

POLIDECTE.

Amour, dépit, orgueil que je sers à la fois.
Heureux si mon cœur peut vous contenter tous trois;
Si je puis me venger, rapeller ce que j'aime,
Régner & comme moi l'orner du Diadême.

ADRASTE.

Ah, Seigneur....

POLIDECTE.

Qu'à toi seul ce secret confié,
Demeure entre nous deux, & soit comme oublié.

SCENE II.

POLIDECTE, ADRASTE, TIMOCRATE.

POLIDECTE.

Timocrate est-ce toi ? Ciel ! Que viens-tu m'apprendre ?
Ton retour en ces lieux a droit de me surprendre.

TIMOCRATE.

Du prix de tous vos soins le sort vous a privé,
Et dans nos murs, Seigneur, Hercule est arrivé.
Comme il a vû pour vous Larisse déclarée,
La mort de votre frere étant presque assurée,
Il a blâmé ce choix, & ses discours vainqueurs
Du côté de la Reine ont tourné tous les cœurs.
Bientôt dans Yolcos il doit venir lui-même,
Affermir sur son front le sacré Diadême.

Le crime à son aspect s'épouvante & s'enfuit.
La terreur l'environne , & la gloire le suit.
POLIDECTE.
Hercule est dans Larisse ? Ah , que viens - je d'enten-
dre !
Timocrate , il suffit on pourroit nous surprendre.
Sortez.

SCENE III.

POLIDECTE, ADRASTE.

POLIDECTE.

Devant toi seul que je m'épanche ,
ami.
Il n'est de mes secrets informé qu'à demi.
Hercule arrive enfin , & ma fureur s'arrête.
Il enchaîne ma main à fraper toute prête.
ADRASTE.
Oüi ce revers , Seigneur , est d'autant plus affreux ;
Que deux ans n'auront point sans doute éteint ses feux.
Si vous privez le Roi de la clarté céleste,
Hercule , dans l'espoir de posséder Alceste,
Contre tous vos desseins armera son amour,
Et lui-même viendra régner dans ce séjour.
Ce Guerrier sans Etats , sans Cour, sans Diadême ;
Est souverain partout , & commande aux Rois même.
Au seul bruit de son nom nos Peuples éperdus,
Recevront à genoux ses ordres absolus.
POLIDECTE.
C'est ce nom que je crains , non sa force indompta-
ble ,
Et de mes ennemis c'est le plus redoutable.
Je sens que je ne puis le combattre aujourd'hui ,

Si le Ciel ne me sert de rempart contre lui.
L'Oracle qu'on attend, & qu'Alceste demande,
M'offre un nouveau moyen…. il faut que je le rende,
Il faut que dans le Temple elle perde le jour.

A D R A S T E.

Et qui vous répondra de sa mort ?

P O L I D E C T E.

Son amour.

Suis-moi. Pour achever de réfoudre mon ame
Viens prêter tes conseils au dépit qui m'enflâme.
Je la vois qui paroît, je la veux éviter.
Ses plaintes, ses soupirs ne font que m'irriter.

S C E N E IV.

ALCESTE, POLIDECTE, ADRASTE.

A L C E S T E *arrêtant Polidecte.*

AH ! sauvez mon époux, secourez votre frere.
A mes larmes, Seigneur, joignez votre priére :
Courez vous prosterner au pié de nos Autels,
Faites dans ce péril parler les immortels.
Que pour eux sans délai votre bouche prononce,
J'enverrai dans le Temple aprendre leur réponse.

P O L I D E C T E.

Madame de ce soin reposez-vous sur nous,
J'y suis intereflé sans doute autant que vous.

(*Il sort avec Adraste.*)

SCENE V.

ALCESTE *seule.*

TOn Monarque bien-tôt va fortir de la vie,
Remplis l'air de tes cris, Peuple de Theffalie;
Joins tes foupirs aux miens, tu le dois aujourd'hui.
Si je perds un époux tu perds un pere en lui.
Mais un pere fi tendre, un Roi fi magnanime,
Que pour toi de la Parque il devient la victime.
Tu defcendois en foule au ténébreux féjour:
Il s'eft offert aux Dieux pour te fauver le jour.
Ces Dieux l'ont exaucé dans toute fa priére.
Mon époux va périr, & tu vois la lumiére.
Toi, qui dois amener l'heure de fon trépas,
Soleil, arrête-toi, retourne fur tes pas;
Crains d'éclairer la mort du plus grand Roi du mon-
    de,
Et plonge ces Etats dans une nuit profonde.

SCENE VI.

ALCESTE, IRCAS.

IRCAS.

MAdame, votre époux couronnant ce grand jour,
Veut parler à fon Peuple, & combler fon amour.
Il doit fe rendre ici, paré du Diadême;
Mais avant de paroître, il vous mande vous-même.
Ce Roi veut partager, mourant avec éclat,
Tous fes derniers inftans entre vous & l'Etat.

ALCESTE.

Je ne puis foutenir cette image terrible.

Tome I. N

A force de douleur je demeure insensible.

IRCAS.

Rapellez vos esprits.

ALCESTE.

Non , je veux , aujourd'hui ,
Accompagner ses pas & mourir après lui.

IRCAS.

Calmés le desespoir dont votre ame est saisie :
Vivés pour votre fils , vivés pour la Patrie.
Vous êtes à tous deux comptables de vos jours.

ALCESTE.

Polidecte à mon fils prêtera son secours.
Il régira pour lui cet Empire paisible :
Le Trône avec l'Autel n'est pas incompatible.

IRCAS.

Si ce Prince exerçant le pouvoir souverain ,
De l'Etat une fois prend les rênes en main ,
Il pourra des Autels sentir la servitude,
Se faire de régner une douce habitude ,
Et retenir un bien qui lui semblera dû ,
Et dont par votre choix il fut jadis exclu.

ALCESTE.

Le Pleuple d'un tel joug vengeroit l'esclavage.

IRCAS.

Ne vous reposez point sur un Peuple volage
Qui court avec fureur après la nouveauté ,
Et des grands changemens est toujours enchanté :
Insensible aux bienfaits qu'aussi-tôt il oublie ,
Et du Thessalien c'est sur-tout le génie.

ALCESTE.

Dieux ! J'ai recours à vous ; décidés de mon sort ,
J'attens de votre Oracle ou la vie ou la mort.
Cours parler au grand Prêtre , & quoiqu'il nous an-
nonce ,
A ta Reine expirante aporte sa réponse.
Le danger est pressant , hâte-toi d'obéir.
Sois ardent à prier , & prompt à revenir.

Fin du premier Acte.

A C T E II.

S C E N E P R E M I E R E.

A D M E T E, A L C E S T E, C L E O N E, CHOEUR du Peuple.

A D M E T E.

O ! Qu'il m'eſt doux de voir mon peuple qui
   reſpire !
  Qu'il m'eſt doux de le voir tel que je le deſire,
Trembler uniquement pour les jours de ſon Roi,
Joüir de la lumiére, & la tenir de moi !
J'aime à voir de vos cœurs l'empreſſement fidèle.
Mon ſang eſt trop payé par ces marques de zèle.
Je goûte avant ma mort, témoin de vos regrets,
Le prix le plus flatteur de mes heureux bienfaits.
Mériter vos ſoupirs, vivre en votre mémoire,
Quel plus beau monument peut aſſurer ma gloire ?
Avant qu'aux immortels j'aille offrir mon trépas,
Et me ſoumettre au coup d'un inviſible bras ;
Ecoutés, chers ſujets, un Prince qui vous aime
Comme ſes propres fils, & bien plus que lui-même :
Il eſt juſte qu'un Roi, mourant le Sceptre en main,
Rende compte à ſon Peuple & régle ſon deſtin.
Depuis près de deux ans que je ſuis ſur le Trône,
J'ai toujours dépoüillé l'orgueil qui l'environne ;
Senſible à tous vos maux, prévenant vos beſoins,
A régner ſur vos cœurs j'ai conſacré mes ſoins ;
J'ai préféré la Paix aux horreurs de la Guerre,
Et jamais votre ſang n'a rougi cette terre,
Ce ſang pour l'expoſer, m'étoit trop précieux ;
J'ai beaucoup mieux aimé vous rendre tous heureux ;

Renfermant mes defirs dans les bornes prefcrites,
Que de cette Contrée étendre les limites :
Ce qui doit encore plus me flatter aujourd'hui,
J'ai vécu pour mon Peuple, & j'expire pour lui.
Vous voyez devant vous votre Reine éperdue,
Qui vous cache fes pleurs & détourne la vûe,
Qui va perdre un époux aimé fi tendrement,
Et qui n'a pour fuport qu'un fils encore enfant ;
Vous êtes trop inftruits combien elle m'eft chére,
Qu'elle eut toujours pour vous des entrailles de mere,
Et qu'enfin fa tendreffe égale mon amour ;
Je vous la recommande & j'exige, en ce jour,
Que pour prix de ma mort, & par reconnoiffance,
Vous lui juriés ici la même obéiffance
Que jufqu'à ce moment vous me rendez à moi,
Et que, mes jours remplis, tout refpecte fa loi :
Vous ne rougirez point d'être fous fa puiffance,
Aux charmes de fon fexe elle joint la prudence,
Elle vous eft connue ; & pour dire encore plus ;
Alcefte d'un grand Roi poffède les vertus.

A L C E S T E.

Révoque, jufte Ciel, ta Sentence inhumaine !

U N   C H E F du Peuple.

Nous jurons tous, Seigneur, d'obéir à la Reine ;
Puiffe éprouver foudain un châtiment cruel,
Le premier qui rompra ce ferment folemnel !

A D M E T E.

Et toi, qui de mon fils dois conduire l'enfance,
Veille pour conferver cette unique efpérance ;
Eléve fon efprit aux grandes actions,
Et fur l'humanité donne lui des leçons ;
Dès qu'il pourra marcher au chemin de la gloire,
Du fils de Jupiter raconte lui l hiftoire ;
A bien combattre, à vaincre, elle doit l'enfeigner ;
Et que de mon époufe il aprenne à régner.
Parle lui de ma mort, qu'elle foit fon modèle ;
Que, pere de fon Peuple, il imite mon zèle.
Qu'il s'aplique, fur-tout, redoutant les plaifirs,

A vaincre la jeuneſſe, à dompter ſes deſirs ;
Car ce n'eſt point aſſez pour lui, pour ſes ſembla-
        bles,
D'affronter, d'enchaîner des monſtres formidables ;
Il faut d'autres vertus à qui doit être Roi,
Et pour bien gouverner être maître de ſoi.
                (ſe tournant vers Alceſte.)
Madame, en attendant que ce fils vous ſuccéde,
Ou puiſſe vous prêter & ſon bras & ſon aide.
Occupés tout mon Trône, augmentés-en l'éclat,
Et faites le bonheur de ce paiſible Etat.

ALCESTE.

Je ne puis renfermer la douleur qui me tuë.
Je la voulois envain cacher à votre vûe.
Au nom de votre épouſe, au nom de votre fils,
Au nom de tout ce Peuple à vos ordres fournis,
Par les feux mutuels de l'amour le plus tendre,
Et par les pleurs qu'ici vous me voyez répandre ;
Oſés tout eſpérer de l'équité des Dieux.
Votre frere au plutôt va prononcer pour eux.
J'entends au fond du cœur une voix qui me crie,
Que la Parque prolonge une ſi belle vie.
Et que le Ciel enfin favorable à nos vœux,
Vous accorde des jours plus longs & plus heureux,
Dignes de vos vertus.

ADMETE.

                Non, il faut que je meure.
Le Soleil à grands pas preſſe ma derniére heure,
Recevant mes adieux en des inſtans ſi doux,
Pour la derniére fois embraſſés votre époux,
Et ſoumettant votre ame.. ..

ALCESTE.

                Ah ! Si le Ciel ſévére
Exécute ſur vous ſon arrêt ſanguinaire,
Je ne ſurvivrai point d'un moment à mon Roi.
La lumiére ſans vous eſt affreuſe pour moi.
Dans le même tombeau je veux être enfermé :,
Et pour nous ſéparer vous m'avez trop aimé.

ADMETE.

Non, je vous le défends, & par tout le pouvoir....

ALCESTE.

Cher Admete, le puis - je ? Et dans mon deſeſ-
poir. ...

ADMETE *en regardant ſon Peuple & la Reine.*

Je ne puis réſiſter à leurs pleurs, à ſes plaintes.
Ils portent à mon cœur de nouvelles atteintes.
Otons-nous de leurs yeux.

(*le Roi ſort ſuivi de ſon Peuple.*)

SCENE II.

ALCESTE, CLE'ONE.

ALCESTE.

Cher Prince, cher époux,
Je veux par-tout vous ſuivre, & mourir avec vous.
Mais, hélas ! Malgré moi, mes genoux me trahiſſent,
Cléone, ſoutiens-moi, mes eſprits s'affoibliſſent,
Du poids de mes douleurs je me ſens accabler.

CLE'ONE.

Madame, en ce moment ſi j'oſois vous parler. ...

ALCESTE.

Ne me conſole point. Alceſte en ſes allarmes,
Ne veut plus ſe nourrir que de plaintes, de larmes.
Mais Ircas à mes yeux ne ſe preſente pas,
Le tems preſſe, coure, vole au devant de ſes pas.

SCENE III.

ALCESTE *seule.*

L'Attente accroît l'horreur où mon ame est plon-
          gée.
Par la crainte & l'espoir je me sens partagée;
Et si près de sçavoir l'Oracle prononcé,
Mon cœur... Je vois Ircas. Son front embarrassé;
Et ses yeux incertains sont d'un funeste augure.
Ah! Le Ciel, de nos maux, a comblé la mesure.

SCENE IV.

ALCESTE, IRCAS.

ALCESTE.

Qu'ont répondu les Dieux?
          IRCAS.
                    Suspendés votre effroi;
Leur réponse, Madame, est favorable au Roi.
          ALCESTE.
Quoi! le Ciel est sensible? Il me rendroit Admete?
Satisfais au plûtôt ma tendresse inquiéte.
Parles, acheve un recit qui flatte mes souhaits.
          IRCAS.
Par votre ordre, Madame, en quittant ce Palais,
Je vole vers le Temple, où je vois tous nos Prêtres;
Implorant, pour le Roi, les Dieux nos premiers maîtres;
Presenter de concert leur encens & leurs vœux,
Et des Vieillards plus loin qui prioient avec eux.
D'un pas respectueux perçant le Sanctuaire,

J'aproche de l'Autel, j'interromps leur priére.
Le grand Prêtre me voit, & lifant dans mes yeux,
Se profterne, fe taît & confulte les Cieux :
Tandis qu'avec ardeur, à genoux, je les prie
De fauver votre Epoux aux dépens de ma vie.
Cependant d'un feu faint le Pontife eft preffé
Il fe leve, & voici ce qu'il a prononcé.
S'il fe trouve un ami fidèle,
Qui né dans ces climats, & pouffé d'un beau zèle,
A mourir fur l'Autel ofe engager fa foi ;
Des Dieux la puiffance immortelle
Va confoler Alcefte, & délivrer le Roi.

ALCESTE.

Je refpire, Grands Dieux ! Et fur votre parole,
Déja, pleine d'efpoir, Alcefte fe confole.

IRCAS.

Je voudrois être né dans la Gréce aujourd'hui,
Et fujet de mon Roi pour expirer pour lui.
Le privilége heureux de lui fauver la vie,
Madame, à votre Peuple eft tout ce que j'envie.

ALCESTE.

Mille fe font déja fans doute prefentés ?

IRCAS.

Ils l'auroient dû, Madame, après tant de bontés ;
Mais ils ont gardé tous un coupable filence,
Et de ceux que j'ai vûs le plus ferme balance;
Il craint de fe réfoudre, & ne mérite pas
Le bonheur de fubir un fi noble trépas.

ALCESTE.

Ai-je bien entendu ? Quelle reconnoiffance ?
O Ciel ! De tant d'amour eft-ce la récompenfe ?
Un Peuple fi cruel, fi plein de lâcheté,
Qu'un Efclave furmonte en générofité,
Au jour qu'il craint de perdre, indigne de paroître
Avec la liberté méritoit-il de naître ?

IRCAS.

Reine, tel eft fouvent le deftin des Etats.
Pour fujets un Roi jufte a des Peuples ingrats.

Et des Peuples zélés ont un Tyran pour maître.
Quant au Theſſalien, vous devez le connoître.
Il n’eſt pas ſans valeur, mais il manque de foi.
Son intérêt le touche, & non celui du Roi.
Mais Cléone revient. Dieux, quel trouble l’inſpire!

SCENE V.

ALCESTE, IRCAS, CLEONE.

CLEONE.

Une terreur ſoudaine....

ALCESTE.

Ah! mon époux expire.

CLEONE.

Non, mais tout fuit ſa vûe en ce moment fatal,
Et je ne ſçai d’où naît cet effroi général.
Surpris & conſterné le Courtiſan s’écoule,
Et chaque inſtant, Madame, en éclaircit la foule.
Les cœurs & les eſprits ſont changés en ce jour,
Et vos Eſclaves ſeuls vont remplir votre Cour.
On lit dans tous les yeux, l’effroi, l’incertitude,
Et bien-tôt ce Palais n’eſt qu’une ſolitude.

ALCESTE.

Les lâches, les ingrats qui craignent de s’offrir,
Abandonnent leur Maître, & le laiſſent périr.
L’Oracle les effraye, & la mort les étonne.
Voilà, voilà quel eſt le faux éclat du Trône.
Tant que du ſort riant nous avons la faveur,
Nous ſommes aſſiégés du Courtiſan flatteur.
Mais, quand le deſtin change, & qu’il nous eſt funeſte,
Notre Cour diſparoît, le ſceptre ſeul nous reſte.
Laiſſez-moi; ma douleur ne veut plus de témoins;
Alceſte déſormais vous quitte de vos ſoins.

Fin du ſecond Acte.

H 5

ACTE III.

SCENE PREMIERE.

ADMETE, IPHICRATE.

ADMETE.

AH! j'ai beau parcourir ce Palais folitaire,
Je ne vois devant moi qu'une troupe étrangére
D'efclaves effrayés, errans de toutes parts.
Tout, jufqu'à mon époufe, évite mes regards.
Mon frere, en même-tems, retarde mon Offrande.
Au lieu d'aller au Temple, il veut qu'ici j'attende.
Le Soleil de fon cours a rempli la moitié,
Et vers moi de fa part aucun n'eft envoyé.
L'heure de mon trépas par les Dieux annoncée,
Cette heure que j'attens, eft maintenant paffée.
Toutes fois je refpire, & le trait fufpendu...
Ah! c'eft le prompt effet de l'Oracle rendu,
Il n'en faut point douter, un fujet fe fignale,
Et defarme la main de la Parque fatale.
Ircas va m'éclaircir bien-tôt par fon retour.

IPHICRATE.

Tout femble confpirer à fignaler ce jour.
Seigneur, en ce moment le grand Hercule arrive.
Moi-même je l'ai vû defcendre fur la rive.

ADMETE.

Le fils de Jupiter!

IPHICRATE.

Lui-même & ce Héros,
Qu'un heureux fort conduit dans les murs d'Yolcos,
M'a bien plus étonné que le bruit de fa gloire :
Ce n'eft point un vainqueur enflé par la victoire.

Qui d'un œil dédaigneux regarde les mortels ;
Mais un Guerrier modeste, & digne des Autels,
Par sa seule vertu, formidable à la terre :
Tout montre en lui le fils du maître du tonnerre ;
Et son aspect auguste annonce à tous les yeux
Le protecteur des Rois & le rival des Dieux.

ADMETE.

Son retour met le comble à mon bonheur suprême,
Et je vais de ce pas le recevoir moi-même.

SCENE II.

ADMETE, IRCAS, IPHICRATE.

ADMETE.

JE te revois Ircas. Que j'aprenne de toi,
Quel fidèle sujet vient de s'offrir pour moi ?
Je brûle… Tu pàlis & tu baisses la vûe.
Moi-même en te voyant je sens mon ame émûe.
Parles, éclaircis mon doute, & sans plus différer
Nommes-moi…..

IRCAS.

Seigneur, c'est… Puis-je le proférer ?

ADMETE.

Ta lenteur met le comble à mon trouble funeste.
Acheve, je le veux….

IRCAS.

C'est votre Epouse.

ADMETE.

Alceste !

IRCAS.

Prompt à vous obéir, j'abandonnois ces lieux,
Quand Cléone m'arrète, & les larmes aux yeux,
M'informe que la Reine ….. Elle vient elle-même.

SCENE III.

ADMETE, ALCESTE.

ADMETE.

AH, Madame!

ALCESTE.

Ah! Seigneur, que ma joïe est extrême!
Et quel ravissement succéde à mon effroi
De voir hors de péril mon Epoux & mon Roi.
De mes justes transports je ne suis point maîtresse.

ADMETE.

Votre funeste joïe augmente ma tristesse,
Et me rend plus affreux, le jour dont je jouis?
Je sçai que votre sang en doit être le prix.

ALCESTE.

Ce discours me surprend.

ADMETE.

Il n'est plus tems de feindre
Ce que de votre amour j'avois trop lieu de craindre.
Vous vous êtes offerte, & Cléone a tout dit.
Par la bouche d'Ircas je viens d'en être instruit.

ALCESTE.

Cléone a révélé ce qu'elle auroit dû taire.
Seigneur, vous lui devez l'aveu que je vais faire.
Voyant que vos sujets aussi lâches qu'ingrats
Restoient dans le silence, & craignoient le trépas;
Pour vos jours en péril votre Epouse tremblante,
Court au premier Autel que ce lieu lui presente,
Et pour vous à la mort vient de se dévouer.
Heureuse que le Ciel ait daigné m'avouer,
Et qu'il ait révoqué l'arrêt de sa colére
Sur la foi du serment qu'Alceste vient de faire.
Je ne pouvois le croire, & dans mes tendres soins
J'ai voulu que mes yeux en fussent les témoins.

Vous vivez, il suffit me voilà consolée :
Il ne me reste plus qu'à me voir immolée ;
D'Alceste, de son nom souvenez-vous toujours,
Qu'il vive en votre cœur, qu'il régne en vos discours.
Adieu, Prince.

ADMETE.

Arrêtez, quel esprit vous anime ?
Faut-il que de mon sort vous soyiez la victime ?
En générosité vous m'auriez donc vaincu ?
Non, non votre courage offense ma vertu.
Je ne permettrai point que dans cette journée,
De festons odieux vous soyiez couronnée ;
Ni pour sauver mes jours, que sous un fer cruel
Votre sang généreux coule sur un Autel
Que ton premier Arrêt ! Juste Ciel, s'accomplisse,
Frape, la mort d'Alceste est mon plus grand suplice.

ALCESTE.

Seigneur . . . .

ADMETE.

Obéïssez, rendez-vous à mes vœux.

ALCESTE.

Je ne suis plus à vous, Prince, je suis aux Dieux.
Ils tiennent leur parole, & je tiendrai la mienne.

ADMETE

Non, vous ne mourrez point, la résistance est vaine.

ALCESTE.

J'en ai fait la promesse.

ADMETE.

Et j'en fais le serment.

ALCESTE.

Ah ! Mon devoir le veut.

ADMETE.

Le mien vous le défend.

ALCESTE.

Ma mort fera ma gloire.

ADMETE.

Elle seroit ma honte,
Il n'est point de péril que plûtôt je n'affronte.

Et si vous ne quittez ce dessein odieux,
Je serai la victime & le Prêtre à vos yeux.

ALCESTE.

Où s'emporte, Seigneur, votre douleur extrême!

ADMETE.

Hercule va paroître. Ah ! Le voici lui-même.
Il sçaura malgré vous, vous ravir à la mort.

SCENE IV.

HERCULE, ADMETE, ALCESTE,
Suite.

HERCULE.

PRince, je vous revois, & dans mon doux trans-
      port....
Mais quoi, vous soupirez, & vous versez des larmes!

ADMETE.

Pardonnez cet accueil à mes justes allarmes.
Mon Epouse pour moi s'est offerte au trépas,
On la doit immoler. J'implore votre bras.
Ne souffrez point, Seigneur, qu'elle me soit ravie.
Mes jours qu'elle a sauvés dépendent de sa vie.
Combattez la rigueur d'un Oracle odieux ;
Hercule peut lui seul lutter contre les Dieux.

HERCULE.

Quel discours, juste Ciel ! Et quel abord funeste!
Le sang qu'on doit verser est donc le sang d'Alceste?
Se peut-il que le Ciel proscrive tant d'apas.
Mais non, pour la sauver il guide ici mes pas.
Je défendrai sa vie, il y va de ma gloire.
Son trépas à jamais flétriroit ma mémoire.
Il ne fera point dit, Seigneur, qu'en votre Cour,
Le sang de votre Epouse ait marqué mon retour.

ALCESTE.

N'allez pas sur le Roi par votre résistance
Attirer de nouveau la céleste vengeance;

Redoutez-la vous-même , & refpectez fes jours.
H E R C U L E.
En vous laiffant périr j'en tranch rois le cours.
Si vous mouriez pour lui , pourroit il vous furvivre ?
Son amour lui feroit un devoir de vous fuivre.
Je dois parer le trait qui nous menace tous ;
Je fuis inébranlable , & je l'aprens de vous.
Pardonnez-moi , grands Dieux ! en un jour fi funefte,
Si je ne puis foufcrire au fuplice d'Alcefte.
Mais je ne fçaurois voir , fans opofer mon bras ,
L'innocence éprouver un barbare trépas.
Et fi je le fouffrois , je me croirois coupable ,
Et de ma lâche crainte à vous-même comptable.
Pour prix de mes travaux accordez-moi fes jours.
Que l'on n'ait en vain imploré mon fecours.
C'eft l'unique faveur qu'Hercule vous demande ,
Il n'envifage point une gloire plus grande ;
Et fauver la vertu , m'eft un bien auffi doux
Que l'honneur immortel d'être affis parmi vous.
A D M E T E.
Puiffe dans ce moment votre augufte priére ,
Pénétrer jufqu'aux Cieux , & fléchir leur colére !
H E R C U L E.
L'Olimpe cependant en cette extrêmité ,
Une feconde fois doit être confulté.
Mais ce foin par malheur regarde Polidecte ,
Il préfide aux Autels , & fa voix m'eft fufpecte.
A D M E T E.
Vous redoutez mon frere ?
H E R C U L E.
     Oui , je crains entre nous ,
Que s'il forme des vœux , ils ne foient contre vous.
Ce n'eft pas fans raifon que mon cœur le foupçonne.
Lariffe , d'où je viens , le plaçoit fur le Trône.
A D M E T E.
Le plaçoit fur le Trône !
A L C E S T E.
     Ah ! Quel affreux projet ?

HERCULE.

Je ne puis en ce jour le convaincre en effet.
Mais ce coup part, Seigneur, d'une brigue ennemie,
Et je suis fûr qu'il trempe en cette perfidie.
Je fçaurai de fi près l'obferver aujourd'hui ....
Il vient. Daignés tous deux me laiffer avec lui.

ADMETE.

Pour dévoiler le crime & fauver l'innocence,
Je vous arme, Seigneur, de toute ma puiffance.

SCENE V.

HERCULE, POLIDECTE, ADRASTE, LICAS.

POLIDECTE.

Comme frere du Roi, Polidecte à vos yeux ....

HERCULE.

Arrêtez, parlez-moi, comme organe des Dieux ;
Comme frere du Roi vous pourriez faire naître
Des foupçons qui feroient trop bien fondés peut-être

POLIDECTE.

Moi !

HERCULE.

Lariffe aujourd'hui vous avoit élû Roi,
Et ce choix, au foupçon, me porte malgré moi.

POLIDECTE.

Qu'ofez-vous m'avouer ? Ma vertu s'en offenfe.

HERCULE.

A vous croire, Seigneur, fouffrez que je balance.
Le tems dévoilera l'obfcure vérité,
Et d'un foin plus preffant mon cœur eft agité.
La Reine voit la mort qui pour elle s'aprête,
Et je ne dois fonger qu'à garantir fa tête.
Puifqu'Admete jouit de la clarté des Cieux,
Je crois que votre Oracle eft infpiré par eux ;

Polidecte les fert , mais fi je le foupçonne ,
C'eſt d'être ambitieux , & d'aſpirer au Trône ,
Non d'oſer abuſer du pouvoir des Autels
Juſqu'à faire à ſon gré parler les immortels.
Au ſang dont vous ſortez je ferois trop d'injure ,
Et votre ame eſt ſans doute exempte d'impoſture.
Prince , je ſçai d'ailleurs la force de vos droits ;
Et qu'il n'eſt point permis d'emprunter d'autre voix.
Rempliſſez les devoirs de votre miniſtére.
Le défenſeur des loix ne veut point s'y ſouſtraire ;
Mais du ſentier preſcrit ne vous écartez pas ,
Et que le zèle ſeul dirige tous vos pas.
Pour y porter nos vœux retournez dans le Temple ,
D'une douleur ſincere allez donner l'exemple.
Preſſez , n'oubliez rien pour faire rendre aux Dieux
Un Oracle plus juſte & qui ſoit digne d'eux.
Aux jours de votre Reine Hercule s'intereſſe ;
Il dévoile les cœurs ; penſez-y : je vous laiſſe.

SCENE VI.

POLIDECTE, ADRASTE.

POLIDECTE.

JE n'ai pas crû ſi-tôt qu'il dût être en ces lieux.
Mais qu'ai-je à redouter , quand j'ai pour moi les
    Cieux ?
Je vois ſelon mes vœux réüſſir mon audace ;
Et ce coup de mon art répare ma diſgrace.
L'Oracle a ſon effet , mon piége a réüſſi ;
Je tiens en mon pouvoir ce que j'ai tant haï.
Il ne peut éviter la mort qui l'environne ,
Et je vais me venger pour arriver au Trône.
J'ai changé de victime , ainſi que de projet ,
Mais pour mieux aſſurer le prix de mon fortfait.

ADRASTE.

Mais , Seigneur , (excuſez le zèle qui m'entraîne.)

Pourquoi dans ce péril ne pas nommer la Reine?
Et pourquoi hasarder....

POLIDECTE.

                        Pour bannir tout soupçon,
Et d'une sombre nuit voiler ma trahison.
Les attentats grossiers , les crimes ordinaires
Ne sont que les exploits des assassins vulgaires.
S'ils ne sont déguisés , j'abhorre les forfaits.
Je veux qu'ils soient cachés sous des voiles épais.
L'objet n'excuse point sans l'art de les conduire ,
Et de couvrir l'horreur que leur noirceur inspire.
Il faut, ami , qu'un crime ait l'éclat des vertus,
Ou qu'à jamais ses traits demeurent inconnus.

ADRASTE.

Mais un sujet pouvoit braver la mort sévére.

POLIDECTE.

Ah , connois mieux du Grec quel est le caractére.
Au milieu des combats & le fer à la main
Il affronte en aveugle un trépas incertain :
Mais voyant la mort sûre , il manque de courage ;
Son apareil l'étonne , il tremble à cette image :
L'extrême amour lui seul , quand il en est épris ,
A vaincre cette horreur peut porter ses esprits.
Il n'est crainte , péril qu'un tel amour n'efface.
Au sexe né timide il donne de l'audace :
Quand la religion excitant sa ferveur
Dans son ame sur-tout se mêle à cette ardeur ;
Il brave tout alors dans sa pieuse yvresse,
Et l'on le voit courir au trépas par foiblesse.
De l'étude des cœurs mon esprit occupé
En fit toujours sa régle , & ne s'est point trompé
Admette aime la Reine , & la Reine l'adore.
J'ai prévû dans ce jour ce que tout autre ignore,
Que si quelqu'un pour lui se livroit à la mort,
Elle seule oseroit tenter un tel effort.
Il est vrai qu'un esclave a fait trembler mon ame.
J'ai lû dans ses regards le zèle qui l'enflâme.
Il brûloit de s'offrir , j'ai connu le danger,

Et j'ai du facrifice exclus tout étranger.
Le Roi croit qu'elle meurt pour lui , pour la patrie ,
Et c'eft à ma fureur que je la facrifie.
Pour hâter ma vengeance abandonnons ce lieu ,
Et foyons à la fois le Miniftre & le Dieu
Mais non , jufques au bout je veux remplir ma haine.
Hercule prend en main l'intérêt de la Reine ;
Son ame brûle encore de fa premiére ardeur ,
Et la fimple amitié montre moins de chaleur.
Il prétend l'arracher au trépas que j'ordonne :
Je fçaurai l'en punir ; & quoiqu'il me foupçonne ,
Je lui prépare un coup qui le doit accabler ,
Et j'aurai trouvé l'art de le faire trembler.
Orgueilleux de fa force , enyvré de fa gloire ,
En vain à l'Univers il ofe faire croire
Que du Dieu du Tonnerre il a reçû le jour ,
Et qu'il doit être admis au célefte féjour.
Il peut par ce difcours féduire le vulgaire ,
Mais Hercule à mes yeux eft un homme ordinaire ,
Dépendant du deftin & fujet à fe coups ,
Soumis à la nature & mortel comme nous.
Il a cent fois des Cieux éprouvé la colére ,
Et fi , comme on le dit , Jupiter eft fon pere ,
Il recevra fon ordre avec foûmiffion ,
Quand je lui parlerai de fa part , en fon nom.
S'il eft né d'un mortel , affectant plus de crainte ,
Le fourbe obéïra pour mieux voiler fa feinte.

ADRASTE.

S'il réfifte ?

POLIDECTE.

Ah ! Mon cœur le fouhaite aujourd'hui ,
Je mettrai tout le Peuple & le Ciel contre lui ;
Son amour fervira de prétexte à ma haine ;
Je le rendrai fufpect à mon frere , à la Reine.
Des vengeances du Ciel le déclarant auteur ,
Je veux que tous nos Grecs accufent fon ardeur ,
Et que ce demi-Dieu , quelque ardeur qui l'anime ,
Succombe fous le nombre & meure ma victime.

Malgré tous ſes efforts, Alceſte, tu mourras,
Et toi, crédule époux, tu vas ſuivre ſes pas.
Je ſçaurai t'affranchir d'une trop longue vie,
Et t'aider à rejoindre une ombre ſi chérie :
Un eſclave gagné, ſecondant mon deſſein,
Doit plonger cette nuit ton épée en ton ſein.
Ton trouble, ta douleur, les ombres, la ſurpriſe.
Tout doit cacher le bras, & ſervir l'entrepriſe.
La conjoncture enfin qu'apuiront mes regrets,
Fera croire demain & dire à tes ſujets
Que dans ton déſeſpoir tu t'es percé toi-même,
Et qu'Admete n'a pû ſurvivre à ce qu'il aime.
Ainſi ma main frapant tous ces coups à la fois,
Au lieu d'une victime en immolera trois ;
Et d'un crime ignoré ma politique prompte,
Cueillera tout le fruit, ſans en avoir la honte.

A D R A S T E.

Songez....

P O L I D E C T E.

Rien déſormais ne peut m'intimider.
Dans l'état où je ſuis, je dois tout hazarder.
Pardonne, cher objet de l'amour qui m'anime,
Mais on ne m'a laiſſé que le chemin du crime.
Je ne puis t'élever que par un coup affreux,
Et te perds pour jamais, ſi je ſuis vertueux.

A D R A S T E.

Prévenez donc Hercule, & que ſa réſiſtance....

P O L I D E C T E.

Ecoute, à ſes efforts opoſons la prudence.
Tandis que de ces lieux je ſors plein de fureur,
Pour revenir bien-tôt y porter la terreur,
Aſſemble nos amis, fais leur prendre les armes ;
Peins-leur pour les Autels mon zèle & mes allarmes.
Sous le voile ſacré de la Religion,
Va ſemer l'épouvante & la rebellion ;
Et fais, ſi l'on ſe porte à quelque violence,
Qu'un Peuple tout entier s'arme pour ma défenſe.

Fin du troiſiéme Acte.

ACTE IV.

SCENE PREMIERE.
HERCULE, LICAS.

HERCULE.

AH! de mon cœur, ami, j'ai sçû mal triom-
pher ;
Ma tendresse renaît, je n'ai pû l'étouffer.
Mon feu s'étoit caché sous le nom de l'estime,
Je le croyois éteint, le péril le ranime.
D'une simple pitié je ne suis point ému :
Je tremble, je frémis en amant éperdu.
Hercule défend moins dans l'ardeur qui le presse,
L'épouse d'un ami que sa propre maîtresse.
Nul monstre jusqu'ici ne m'a sçû résister,
Et l'amour est le seul que je n'ai pû dompter.
Je rougis de moi-même & du trait qui me blesse ;
Je voudrois me cacher ma honteuse foiblesse.
Depuis mon arrivée agité, furieux,
C'est peu que je poursuive un Pontife odieux ;
Ma flâme sacrilége, attaque les Dieux même,
Elle ose soupçonner leur justice suprême ;
Elle allume en mon sein mille projets cruels,
Immole leur Ministre & brise leurs Autels.
Elle seule combat, balançant la victoire,
Ma vertu, ma raison, mon devoir & ma gloire.

LICAS.

Je reconnois Hercule à ces nobles transports,
Et tout est grand en lui jusqu'à ses remords.
Il juge son amour avec un œil sévére,
Et s'accuse d'un feu qui n'est qu'involontaire.

HERCULE.

Loin de m'empoisonner par tes discours flatteurs,
Peins-moi plûtôt ce feu des plus noires couleurs.
Je ne suis point de ceux dont le front téméraire
S'aplaudit de montrer une flâme adultére,
Qui mettent lâchement leur bonheur souverain,
À séduire un objet dont un autre a la main ?
Et prompts à publier leur indigne victoire,
Du deshonneur d'autrui s'osent faire une gloire.
D'un triomphe si bas mon cœur n'est point flatté,
Et le crime jamais ne fit ma vanité.

LICAS.

Mais quoi , laisserez-vous immoler l'innocence ?

HERCULE.

Non , mon devoir m'oblige à prendre sa défense,
Et je dois protéger deux époux malheureux,
Qui s'aiment tendrement , & rassemblent en eux
Tout ce que la vertu peut avoir d'estimable.
Dans Alceste je vois une épouse adorable,
Dont l'amour , le courage égalent les attraits :
Dans Admete un grand Roi , pere de ses Sujets.
De quelque part ici que mon œil se proméne ,
Tout condamne l'Oracle , & parle pour la Reine.

LICAS.

Si quelqu'un doit calmer le céleste courroux ,
Fils du maître des Dieux , qui le peut mieux que vous ;
Vous qui devant , Seigneur , dans le Ciel prendre
    place ,
Entre ces Dieux & vous voyez si peu d'espace ?

HERCULE.

Viens , suis-moi dans le Temple où je vais les prier,
Je connois Polidecte & dois m'en défier.

SCENE II.

HERCULE , ADMETE , LICAS.

HERCULE.

Oᴜ courez-vous , Seigneur , plein d'un trouble
funeste ?

ADMETE.

Expirer fur l'Autel , & prévenir Alcefte.
Je viens de la quitter , percé de fes douleurs.
Ceſſez, m'a-t'elle dit, me baignant de fes pleurs,
Ceſſez de difputer à ma tendreſſe extrême ,
La gloire de fauver le jour à ce que j'aime ,
Et ne me forcez pas par de plus longs délais
A répandre mon fang moi-même en ce Palais.
Je ne puis plus tenir contre de telles armes.
Il faut par mon trépas terminer tant d'allarmes ;
Et fans laſſer le Ciel par d'inutiles vœux,
Je cours.

HERCULE.

Prince, arrêtez , ne quittez point ces lieux.
Que par votre vertu votre ame raſſurée ,
Calme le defefpoir où je la vois livrée.
Attendant que par moi le Ciel foit confulté ,
Et que j'aye aux Autels percé la vérité ;
Souvenez-vous qu'en tout les Dieux juftes & fages ,
N'ont fait les grands revers que pour les grands coura-
ges.
Notre vertu languit dans la profpérité ,
Et ne brille jamais que par l'adverfité.
Les traverfes toûjours nous font ce que nous fommes ,
Et fans elles , Seigneur , il n'eft plus de grands hommes.
Et ma force en un mot , puifqu'il faut me citer ,
C'eft , grace à leur fecours , qu'elle vient d'éclater.
Sans les ordres cruels du tyran Eurifthée ,

Sans l'effort redoublé de Junon irritée,
Je n'aurois point livré tant de combats divers;
Et ferois inconnu peut-être à l'Univers.
Mais vous-même, Seigneur, en des tems si funestes,
Sans les traits rigoureux des vengeances célestes.
Pour vos Peuples mourans vous feriez-vous offert?
Et d'un honneur nouveau vous feriez-vous couvert?

ADMETE.

Seigneur, quelle vertu feroit inébranlable,
Et pourroit résister au revers qui m'accable?
Mon épouse pour moi veut courir au trépas,
Et moi, je le verrai, sans prévenir ses pas?
Non, vous allez au Temple, & je prétens vous suivre
Fléchir les Dieux pour elle, ou bien cesser de vivre.

HERCULE.

Ah! Prince, autant que vous je me sens attendrir,
Et moi-même je veux la sauver ou périr.
Je sors sans plus attendre, & d'une voix pressante....

ADMETE.

Mon frere nous prévient & son front m'épouvante.

SCENE III.

HERCULE, ADMETE, POLIDECTE,
Suite, LICAS.

HERCULE.

QUe vient nous annoncer ce regard plein d'effroi
Qui vous ramene ici? Parlez, répondez-moi.

POLIDECTE.

Que ne puis-je garder un éternel silence?
Tous les Dieux ont fermé l'oreille à la clémence.
De vous le déclarer ils m'ont prescrit la loi.
Prince, pour prix du jour qu'ils accordent au Roi,
Ils veulent qu'en leur Temple on sacrifie Alceste.
Tout autre sang déplaît à la fureur céleste,

ADMETE

Admete, s'il s'offroit, se verroit refusé:
Tel est l'ordre du Ciel.

ADMETE.

A-t'il tout épuisé?

POLIDECTE.

Rien n'a pû le calmer, encens, larmes, priére:

ADMETTE.

Si j'étois criminel seroit-il plus sévére?
(*à Hercule.*)
Seigneur, je vous implore une seconde fois,
Qu'Hercule soit l'arbitre & des Dieux & des Rois.
Pour ne plus la quitter je vole vers la Reine,
Et j'attens qu'aux Autels vous désarmiez leur haine,
Satisfaits de ma mort qu'ils se laissent fléchir,
Où je jure par eux de leur désobéïr.
(*Il sort.*)

SCENE IV.

POLIDECTE, Suite, HERCULE.

POLIDECTE.

JE frémis du serment qu'Admete vient de faire.
Malheureux! Il ne fait qu'enflâmer leur colére,
Il a recours à vous; mais vos efforts font vains.
Que peut contre les Dieux la force des humains?

HERCULE.

Autant que leur rigueur votre retour m'étonne;
Avez-vous oublié qu'Hercule vous soupçonne?
Songez-vous que le Ciel, quand il est irrité,
Avec mesure & poids doit être consulté.
Soyés prompt, quand il faut annoncer sa clémence;
Mais lent quand vous devez confirmer sa vengeance.
Je ne sçai quel motif vous régle & vous conduit,
Mais mon soupçon sur vous s'accroît & s'affermit.

POLIDECTE.

L'intérêt des Autels est le seul qui m'attire,
Et j'obéis au Ciel qui me presse & m'inspire.
Vous ne devez, Seigneur, vous en prendre qu'à lui.
Mais que dis-je ? Plûtôt se montrant notre apui.
Le fils de Jupiter dévroit donner l'exemple,
Et respecter en nous la majesté du Temple,
Les Dieux que nous servons, & dont il est sorti.

HERCULE.

Je connois mon devoir sans en être averti.
Et loin de m'effrayer de vos regards sinistres,
Je sçai d'avec les Dieux distinguer leurs Ministres.
J'adore les premiers sans rien examiner.
Quant aux autres, j'attens pour me déterminer.
S'ils font voir les vertus de leurs Maîtres suprêmes ;
S'ils en ont la clémence, ils sont des Dieux eux
  mêmes.
Osent-ils s'écarter de cet étroit chemin ?
Ils semblent dépouillés de ce titre divin.
Un Prêtre en les servant, alors les deshonore.
Il vante leur pouvoir, sa bouche les implore,
Mais son cœur la dément, & par ses actions,
Plus qu'aux Dieux qu'il invoque immole aux pas-
  sions.
Votre ame ambitieuse, usurpe leur puissance,
Partage leur encens, fait taire leur clémence ;
Et vous osez vous rendre, abusant de vos droits,
Les Idoles du Peuple, & les Tyrans des Rois.
Polidecte m'oblige à tenir ce langage,
Et force ma raison à percer le nuage.
Son reproche est injuste, il mérite le mien ;
Je suis dans mon devoir, il est sorti du sien.

POLIDECTE.

Quel que soit le soupçon que vous faites paroître
Polidecte à cés traits doit peu se reconnoître ;
Et quoi que contre moi vous puissiez publier,
Ma conduite suffit pour me justifier.
A décider des cœurs votre ame est un peu prompte

Non , que je veuille ici , Seigneur , vous rendre
    compte.
Le Ciel eft mon feul maître ; il feroit offenfé ,
Si jufques à ce point je m'étois abaiffé.
Je foûtiens mieux fes droits. Ainfi vous devez croire,
Que fi je vous répons , ce n'eft que pour fa gloire.
Eh , fur quel fondement & par quelles raifons ,
Formez-vous contre moi ces indignes foupçons ?
Eh , que m'importe à moi le trépas de la Reine?
Si j'écoutois l'orgueil , fi je fuivois la haine ,
De la foif de régner fi j'étois embrafé ,
A voir périr le Roi me ferois-je opofé ?
N'aurois-je pas plûtôt , pour occuper fa place,
Laiffé tomber fur lui le coup qui le menace ?

HERCULE.

Je ne puis démêler vos détours captieux ,
Votre main fçait cacher la lumiére à mes yeux;
Mais quoiqu'un art profond voile votre conduite ,
J'ai vû que par vos dons une brigue féduite
Dans Lariffe aujourd'hui vous avoit élû Roi ,
Pour former des foupçons , ç'en eft affez pour moi.

POLIDECTE.

Ah ! ce n'eft pas , Seigneur , fur une conjecture ,
Qu'on fait à mes pareils cette mortelle injure.
Mais , parlez , eft-ce à vous de foupçonner mon cœur,
Vous , malheureux , brûlant d'une coupable ardeur ?
Et de qui les defirs allument le Tonnerre ,
Qui , tout prêt d'éclater , gronde fur cette terre ?
Vous , que l'intérêt feul d'un adultére amour
Pour l'époufe d'Admete anime dans ce jour.
N'accufez que vous feul de fon fort déplorable.
Vous en êtes la caufe , & la caufe coupable.
Le Ciel vous en punit dans toute fa rigueur ,
Et ce n'eft pas ma main qui doit percer fon cœur.
Pour cet emploi funefte il a fait choix d'un autre.

HERCULE.

Eh ! quel bras l'ofera facrifier ?

POLIDECTE.

Le vôtre.

HERCULE.

Mon bras, Ah ! Malheureux, qu'ofez-vous m'annoncer ?

POLIDECTE.

Ce que les immortels viennent de prononcer.
Ils parlent par ma voix.

HERCULE.

Non , je ne fçaurois croire,
Que le Ciel à ce point veüille flétrir ma gloire :
Que fur la vertu même, il veüille fe venger.
Grands Dieux ! de tant d'horreurs je n'ofe vous char-
ger.
Votre organe, fans doute, en eft lui feul coupable,
Et groffit à mes yeux votre haine implacable.
Il fe remet fur moi du foin de la fervir,
Et ma jufte fureur ne peut fe contenir.
Je ne verfe du fang que pour punir le crime.
Si je fuis le Miniftre il fera la victime.
Malgré la dignité dont il eft revêtu,
On verra fur l'Autel tout fon fang répandu.
Il fervira d'exemple à tout Prêtre perfide,
Qui de meurtre & de fang, montre fon cœur avide ;
Et qui, la foudre en main, peignant toujours les
Dieux,
Rend leur pouvoir injufte & leur culte odieux.

POLIDECTE.

Duffiez-vous m'immoler , fans plus long-tems atten-
dre,
Au nom de Jupiter, je dois vous faire entendre
Que votre réfiftance allume fon courroux ;
Et j'étends ma pitié jufqu'à trembler pour vous.
Une fainte fureur s'empare de mon ame.
Votre Pere lui-même & m'agite & m'enflâme.
D'attendre fi long-tems le Ciel eft indigné.
Avant que par la nuit le jour foit terminé,
Si la Reine n'expire, & par la main d'Hercule,

S'il n'éteint dans son sang la flâme dont il brûle ;
Tremblez. Le Ciel vengeur sur ces funestes lieux
Fera bien-tôt pleuvoir un déluge de feux ;
Et les mers franchissant leurs digues inutiles,
Inonderont nos champs, submergeront nos Villes.
Quel spectacle ! Je vois sous ce mur embrasé
Le fils de Jupiter par la foudre écrasé.
Il est exclus des Dieux, privé de sépulture,
Jouet des Immortels, rebut de la nature.
Admete alors Admete aura beau les prier,
Il verra notre perte & mourra le dernier.
(Il sort avec sa suite.)

H E R C U L E.

Retenez le Grand-Prêtre, il peut dans sa furie,
Soulever contre nous toute la Thessalie.

S C E N E V.

H E R C U L E seul.

QUel coup il m'a porté ! Par quels secrets avis,
A-t-il pû de mon cœur pénétrer les replis ?
Dieux ! Auriez-vous parlé par sa voix redoutable ?
Et serois-je l'auteur…. Ah ! ce doute m'accable.
Quand il est criminel malgré tous ses efforts,
Qu'un cœur né vertueux éprouve de remords !
Mais quoi ! Le Ciel est juste ; il sçait, fuïant la Reine,
Que j'ai tout fait pour rompre une funeste chaîne.
Le jour même où l'hymen me l'ôta sans retour ;
Sans pouvoir le dompter, j'enchaînai mon amour.
Je soumis au devoir mon ame trop sensible,
Et de tous mes travaux ce fut le plus pénible.
Ah ! la raison m'éclaire, & chasse ma terreur.
J'ai défendu la Reine avec trop de chaleur.
Et m'ayant soupçonné, le fourbe avec adresse
A sçû par ses discours pénétrer ma tendresse,

Mon trouble, mes regards, l'ont sans doute éclairé,
Et ce sont-là les Dieux qui l'auront inspiré.
Oui, c'est trop m'éfrayer des menaces d'un traître.
Par une impreffion dont on n'eft pas le maître,
Leur voix au fond des cœurs porte un frémiffement,
Qui naît de la furprife, & que l'efprit dément.

SCENE VI.

HERCULE, IRCAS.

IRCAS.

TOus les Théffaliens, Seigneur, ont pris les armes
Adrafte eft à leur tête, il accroit leurs allarmes;
Leur peint dans ce Palais le grand Prêtre enchaîné,
Les Dieux défobéis, leur culte abandonné,
Et pour les écrafer la foudre toute prête,
Si mourant fur l'Autel, Alcefte ne l'arrête.
Il vous nomme l'auteur des vengeances des Cieux ;
Et le Peuple qui croit ce Chef féditieux,
Veut, la force à la main, dans l'effroi qui l'entraîne,
Arracher de ces lieux le Pontife & la Reine.

HERCULE.

Les traîtres méritoient un Tyran non un Roi :
Mais je cours les combattre, & je ne veux que moi,
Peuple lâche & trop prompt à te laiffer féduire,
Qui punit les Tyrans fçaura bien te réduire.

Fin du quatriéme Acte.

ACTE V.

SCENE PREMIERE.

POLIDECTE, ALCESTE.

ALCESTE.

Quel spectacle, Seigneur, offre-t'on à mes yeux?
On vous retient captif dans ces profanes lieux.
De douleur & d'effroi vous m'en voyez saisie.
Vous seriez libre, hélas! Si j'étois obéïe;
Et mon sang par vos mains répandu sur l'Autel,
Laveroit au plûtôt cet outrage mortel.
Du plus sanglant trépas l'apareil redoutable,
N'a rien qui m'épouvante, & qui soit comparable
A l'horreur d'une vie execrable à mes yeux,
Que poursuit tout l'Etat, & qu'attendent les Dieux,
Que je dois aux efforts d'un attentat impie,
Et qui contre son Prince arme la Thessalie.

POLIDECTE.

Madame, je vous plains. Si je suis outragé,
Avant la fin du jour je serai trop vengé,
Déja le bras des Dieux, à fraper se dispose.

ALCESTE.

Ah! De tant de malheurs, c'est moi qui suis la cause.
J'irrite leur colére, & le jour que je voi,
Remplit le Ciel d'horreur, & la terre d'éfroi.
Je dois seule assouvir sa vengeance suprême;
Et je sens qu'il me porte à m'immoler moi-même.
Le fils de Jupiter, résiste, mais en vain :
Au défaut de son bras je puis armer ma main.
Pour me rendre aux Autels l'instant me favorise.

On voit régner par tout le trouble, la surprise;
Et repouſſant l'effort du Peuple furieux,
Hercule & mon époux ſont abſens de ces lieux.
Je cours exécuter ce que mon cœur projette,
Vous mettre en liberté, ſauver les jours d'Admete;
Terminer par ma mort un combat odieux,
Et calmer d'un ſeul coup nos Peuples & nos Dieux.

(*Elle ſort.*)

SCENE II.

POLIDECTE *ſeul.*

DAns le piége fatal, au gré de mon envie,
Je vois courir enfin ma mortelle ennemie:
Secondes mes projets, fortune! Exauces-moi.
Mon ſort eſt dans tes mains, je n'implore que toi.
Fais qu'Hercule accablé, ſuccombe ſous le nombre,
Qu'admete en combattant, accompagne ſon ombre:
Qu'il me ſoit immolé par ſes propres ſujets,
Et que l'événement couronne mes forfaits.
Mais duſſai-je éprouver ta fatale inconſtance,
Dût Hercule des Grecs vaincre la réſiſtance,
Dût mon frere avec lui, déſarmant leur fureur,
Echaper à leurs coups & revenir vainqueur;
En cet inſtant propice, Alceſte qui s'immole
Répare ma diſgrace & de tout me conſole.
Au Trône déſiré ſa mort m'ouvre un chemin;
Et la nuit que j'attens ſert mon premier deſſein.
Opoſons mon courage au péril qui me preſſe,
Et chaſſons les remords, enfans de la foibleſſe.
Forcé par mon malheur, j'ai fait ce que j'ai dû.
Le crime a ſes héros, ainſi que la vertu.
Je ſçaurois.... Mais on vient! Juſtes Dieux, c'eſt mon
        frere,
Ah! Je lis dans ſes yeux, que le ſort m'eſt contraire

SCENE III.

ADMETE, POLIDECTE, GARDES.

ADMETE *sans voir Polidecte.*

La paix régne par tout & succéde à l'étroi,
Mon lâche Peuple a fui devant Hercule & moi.

POLIDECTE *à part.*

Qu'entens-je ? Mais cachons ma douleur à sa vûë.

ADMETE.

Rassurons au plûtôt mon épouse éperduë.

POLIDECTE.

Eh bien, avez-vous mis le comble à vos forfaits ?
Revenez-vous couvert du sang de vos sujets ?
Armé contre les Dieux & contre la Patrie,
Vous aplaudissez-vous d'une victoire impie ?
Il ne vous reste plus qu'à briser leurs Autels,
Qu'à livrer leur Ministre à des tourmens cruels,
Qu'à renverser leur Temple, attendant que leur fou-
　　　dre,
Embrase ce Palais, & vous réduise en poudre.
A force d'attentats, méritez leurs courroux,
Et par votre fureur justifiez leurs coups.

ADMETE.

Quel est donc ce discours ? M'osez vous faire un crime
D'avoir sçû me servir d'un pouvoir légitime ?
Et d'avoir repoussé d'infidelles sujets
Qui venoient m'attaquer jusques dans mon Palais ?
Je me suis vû par eux contraint de me défendre,
Et sans blesser les Dieux, mon bras eût pû répandre.
Le sang d'un Peuple ingrat qui méconnoît son Roi,
Et qui vouloit m'ôter le jour qu'il tient de moi.
Mais je n'ai consulté que ma seule clémence,
Content de mettre un frein à sa lâche insolence ;

Sans répandre son sang, j'ai désarmé sa main,
Qui s'immole pour lui, n'est pas son assassin.

POLIDECTE.

Le Peuple est désarmé ; mais du Ciel invincible,
Avez-vous enchaîné la colére terrible ?
Hercule signalant ses efforts criminels,
Croit-il avoir en eux dompté les Immortels ?
Vous n'avez fait tous deux que grossir sa vengeance,
Et vous avez manqué vous seul d'obéïssance.
N'accusez point les Grecs d'être séditieux.
Nos premiers Souverains sont les maîtres des Cieux.
Ce Peuple a dû s'armer pour leur cause immortelle :
Vous, qui l'avez vaincu, vous êtes le rebelle.
Les Rois sont comme nous soûmis à leurs décrets,
Et vous n'êtes des Dieux que les premiers sujets.
Ces Dieux veulent qu'en vous l'Univers les contemple,
Et s'il vous font régner, c'est pour donner l'exemple.

ADMETE.

Ah ! C'est trop m'éblouir par de fausses couleurs,
Et trop m'épouvanter des célestes fureurs.
J'ai long-tems combattu ; mais vous forcez mon ame
A soupçonner enfin l'ardeur qui vous enflâme.
Quiconque est innocent, quiconque est vertueux,
Dans le fond de son cœur peut consulter les Cieux.
Je le suis & leur voix me dit que leur vengeance
Poursuit toujours le crime & jamais l'innocence.
J'ai lieu d'apréhender que sous le nom des Dieux,
Vous n'ayez pour vous même armé les factieux.
Vous prenez leur défense avec trop d'artifice,
Et peut-être leur Chef n'est que votre complice.
Quoi qu'il en soit, le traître est puni maintenant,
Et sous le bras d'Hercule expire en ce moment.
Ce Héros doit au Temple interroger son pere,
Et pénétrer l'horreur de ce sombre mystére.
J'attends de voir par lui le voile déchiré,
Et je tremble sur vous d'être trop éclairé.

SCENE IV.

ADMETE, POLIDECTE, IRCAS.

IRCAS.

AH ! Pardonnez , Seigneur , à mon défordre ex-
            trême ,
Mais la Reine eft au Temple , & s'immole elle-même.

ADMETE.

Ah , Ciel !

IRCAS.

J'ai vû courir Hercule à fon fecours ;
Mais je crains qu'elle n'ait déja tranché fes jours.

POLIDECTE.

Rendez grace à fa mort

ADMETE.

                    Je fuivrai fon exemple ,
Mon fang après le fien va couler dans le Temple.
Vous n'avez aujourd'hui demandé , juftes Dieux !
Qu'une feule victime , & vous en aurez deux.

IRCAS.

On vient. Ah ! C'eft Hercule , il a fauvé la Reine ,
Je la vois qui le fuit.

POLIDECTE à part.

                    O ! Fortune inhumaine !

SCENE DERNIERE.

HERCULE, ADMETE, ALCESTE, POLIDECTE, Suite.

HERCULE à Admete.

J'Ai pour fauver fes jours heureufement volé ,
Et le crime , Seigneur , eft enfin dévoilé.
Son ame eft détrompée.

ADMETE.
En croirai-je ma vûë ?

Alceste.....

ALCESTE.
Cher époux....

ADMETE.
Vous m'êtes donc renduë.

HERCULE *apercevant Polidecte.*
Perfide ! Ofes-tu bien te montrer à mes yeux,
Et peux-tu foûtenir la lumiére des Cieux ?
Adrafte n'a rien fait qu'infpiré par ta rage,
Et de tant de fureurs, ton Oracle eft l'ouvrage.
Expirant fous mes coups, le perfide à parlé,
Et preffé de remords, il m'a tout révélé.
Ton crime eft découvert par ton propre complice.
Malheureux ! De ton Roi redoute la Juftice.

POLIDECTE.
Il fuffit, je n'attends, ni grace, ni pitié,
Et je fuis convaincu ; mais non pas éfraïé.
Prévoiant mon Arrêt, fans qu'on me le prononce ;
(*Il fe tuë.*)
J'en brave la rigueur, & voilà ma réponfe.
Au Trône Paternel je n'ai pû parvenir,
C'eft-là mon plus grand crime, & j'ai fçû m'en punir.

ALCESTE.
Quelle fureur !

(*On emporte Polidecte.*)

ADMETE.
Après une action fi noire,
Périffe avec fon nom fon affreufe mémoire.

HERCULE.
Dieux ! Avec tant de force & d'intrépidité,
Que n'avoit-il un cœur à la vertu porté.

Fin du premier Tome.